高等职业教育**通识类课程**规划教材

# 新时代劳动教育教程

主 编 ◆ 雷世平　　主 审 ◆ 陈 勇

劳动精神　　工匠精神　　劳模精神

www.waterpub.com.cn

·北京·

## 内 容 提 要

本教材是为高职院校开展劳动教育而编写的。全书分理论篇和实践篇两个部分。理论篇介绍了劳动及劳动观、劳动教育及其历史发展、新时代高职院校劳动教育的使命及重点,实践篇介绍了开展劳动教育与日常生活、教学活动、社会实践和公益服务、创新创业相结合的具体路径。

本教材案例丰富、通俗易懂,既可作为高职院校劳动教育课教材,亦可作为其他类型学校开展劳动教育的参考用书。

**图书在版编目(CIP)数据**

新时代劳动教育教程 / 雷世平主编. -- 北京 : 中国水利水电出版社, 2021.6 (2024.1 重印)
高等职业教育通识类课程规划教材
ISBN 978-7-5170-9709-9

Ⅰ. ①新… Ⅱ. ①雷… Ⅲ. ①劳动教育－高等职业教育－教材 Ⅳ. ①G40-015

中国版本图书馆CIP数据核字(2021)第127383号

策划编辑:周益丹　责任编辑:魏渊源　加工编辑:刘　瑜　封面设计:李　佳

| | |
|---|---|
| 书　名 | 高等职业教育通识类课程规划教材<br>**新时代劳动教育教程**<br>XINSHIDAI LAODONG JIAOYU JIAOCHENG |
| 作　者 | 主　编　雷世平<br>主　审　陈　勇 |
| 出版发行 | 中国水利水电出版社<br>(北京市海淀区玉渊潭南路1号D座 100038)<br>网址:www.waterpub.com.cn<br>E-mail:mchannel@263.net(答疑)<br>　　　　sales@mwr.gov.cn<br>电话:(010)68545888(营销中心)、82562819(组稿) |
| 经　售 | 北京科水图书销售有限公司<br>电话:(010)68545874、63202643<br>全国各地新华书店和相关出版物销售网点 |
| 排　版 | 北京万水电子信息有限公司 |
| 印　刷 | 三河市德贤弘印务有限公司 |
| 规　格 | 170mm×240mm　16开本　13.25印张　215千字 |
| 版　次 | 2021年6月第1版　2024年1月第4次印刷 |
| 印　数 | 13001—16000册 |
| 定　价 | 45.00元 |

凡购买我社图书,如有缺页、倒页、脱页的,本社营销中心负责调换

**版权所有·侵权必究**

# 前 言

2018年全国教育大会上,习近平总书记要求把劳动教育纳入培养社会主义建设者和接班人的总体要求之中,明确提出构建德智体美劳全面培养的教育体系,要在学生中弘扬劳动精神,教育引导学生崇尚劳动、尊重劳动,懂得劳动最光荣、劳动最崇高、劳动最伟大、劳动最美丽的道理,长大后能够辛勤劳动、诚实劳动、创造性劳动。2020年3月30日,中共中央、国务院发布《关于全面加强新时代大中小学劳动教育的意见》(以下简称《意见》),对新时代劳动教育进行了全面部署。《意见》根据学生年龄特点,对小学、中学、大学各学段劳动教育内容要求进行了系统设计。各个学段、各类教育要围绕重点,把准定位,开展相关教育活动,在目标要求、内容选择、组织实施、考核评价等方面做好衔接,持续推进。中小学要夯实基础,打好爱劳动的底色。普通高校要通过劳动教育,引导学生积累职业经验,树立正确的就业观,懂得实干兴邦的道理。职业院校要根据劳动教育新要求,调整和优化专业人才培养方案,在抓好职业技术教育的同时,强化劳动精神、劳模精神、工匠精神教育,让学生增强职业荣誉感,感受和体会平凡劳动中的伟大。

劳动教育作为新时期党对教育的新要求,是中国特色社会主义教育制度的重要内容。加强劳动教育,关系到广大学生的全面发展,关系到国民综合素质的提升,亦关系到党和国家事业的兴旺发达。高等职业教育是我国高等教育的重要组成部分,高职院校是国家技术技能人才培养的重要基地,劳动教育对高职院校尤为重要。高职院校培养学生的劳动精神意义非同小可,能引导学生树立正确的劳动观,崇尚劳动、尊重劳动,增强对劳动人民的感情,真正成长为担当民族复兴大任的时代新人。

本教材正是基于劳动教育的重要性,并针对近年来在一些学生中出现的不珍惜劳动成果、不想劳动、不会劳动的现象,劳动的独特育人价值在一定程度上被忽视,劳动教育被淡化、弱化的现实状况,为开设劳动教育必修课、加强高职院校学生的劳动教育而编写的。全书分理论篇和实践篇两个部分。理论篇分别从深度审视、本质追问、时代呼唤三个层面,介绍了劳动及劳动观、劳动教育及其历史发展、新时代高职院校劳动教育的使命及重点；实践篇则分别从生活之需、立足之要、责任之担、升华之路四个层面，介绍了开展劳动教育与日常生活、教学活动、社会实践和公益服务、创新创业相结合的具体路径。教材既全面贯彻了《意见》的要求，又兼顾了高职学生的特点，是对高职院校开展劳动教育的一种有益探索。

本教材既是长沙航空职业技术学院 27 年劳动教育入课的经验总结，也是湖南省芙蓉教学名师雷世平教授主持的 2019 年湖南省高校思政工作精品项目"基于学生全面发展的高职学生劳动教育实践探索"（项目编号 19JP018）的重要成果。本教材由雷世平教授主编并统稿，具体编写任务分工是：第一章，雷世平；第二章，张艳芳；第三章，朱平；第四章，朱小姣；第五章，胥郁；第六章，覃艳艳；第七章，乐乐。本教材的编写得到了湖南省教育厅的经费资助；得到了长沙航空职业技术学院陈勇院长的热情鼓励；得到了长沙航空职业技术学院思政课教研部许燕部长的大力支持，在此表示崇高的敬意和深深的感谢！

本教材编写过程中，大量吸收了国内同行的研究成果，参考了很多相关文献资料，在此一并表示感谢！

本书的出版得到了中国水利水电出版社的大力支持，值此书付梓之际，特此表示衷心的感谢！

由于"劳动教育"课程属性及行课的特殊性，编写教材过程中作者深感力不从心，缺点、错误和欠妥之处在所难免，敬请专家、学者和广大读者不吝赐教。

*编者*<br>
*2021 年 3 月*

# 目 录

前言

## 理论篇

### 第一章　深度审视：劳动及劳动观 ............................................. 1
第一节　劳动及相关概念 ............................................................. 5
　一、劳动及其分类 ..................................................................... 5
　二、劳动及相关概念辨析 ......................................................... 8
第二节　马克思主义的劳动观 ................................................... 10
　一、劳动创造了人类本身 ....................................................... 10
　二、劳动是人类社会发展的基础 ........................................... 11
　三、劳动是实现人自由全面发展的前提 ............................... 11
　四、劳动是价值创造的源泉 ................................................... 12

### 第二章　本质追问：劳动教育及其历史发展 ........................... 15
第一节　新时代劳动教育的内涵与定位 ................................... 18
　一、劳动教育的内涵和特征 ................................................... 18
　二、劳动教育的定性和定位 ................................................... 23
第二节　我国劳动教育的演进与经验 ....................................... 28
　一、我国劳动教育的历史演进 ............................................... 28
　二、我国劳动教育的经验总结 ............................................... 34

### 第三章　时代呼唤：新时代高职院校劳动教育的使命及重点 ........ 41
第一节　新时代高职院校劳动教育的使命 ............................... 45
　一、塑造有崇高理想的接班人 ............................................... 45
　二、培育有专业本领的建设者 ............................................... 47
　三、培养有责任担当的践行者 ............................................... 48

第二节　新时代高职院校劳动教育的重点 ............................................. 49
　　一、劳动精神的树立 ............................................................................. 49
　　二、工匠精神的锤炼 ............................................................................. 55
　　三、劳模精神的传承 ............................................................................. 59

## 实践篇

### 第四章　生活之需：劳动教育与日常生活相结合 ............................. 67
第一节　日常生活中的劳动教育 ............................................................. 70
　　一、呈现阳光自信的你 ......................................................................... 71
　　二、共筑和谐美好的"家" ................................................................... 79
第二节　校园生活中的劳动教育 ............................................................. 81
　　一、践行绿色低碳生活 ......................................................................... 81
　　二、维护校园公共环境 ......................................................................... 87

### 第五章　立足之要：劳动教育与教学活动相结合 ............................. 91
第一节　课程形态的劳动教育 ................................................................. 95
　　一、接受劳动教育必修课历练 ............................................................. 95
　　二、吸取各类课程劳动教育营养 ......................................................... 99
第二节　实习实训的劳动教育 ............................................................... 109
　　一、校内实训锤炼基本技能 ............................................................... 110
　　二、顶岗实习铸就综合能力 ............................................................... 113

### 第六章　责任之担：劳动教育与社会实践和公益服务相结合 ....... 123
第一节　社会实践活动的劳动教育 ....................................................... 127
　　一、校外兼职，多一份生活体验 ....................................................... 127
　　二、校内勤工助学，减轻父母经济负担 ........................................... 133
第二节　公益服务的劳动教育 ............................................................... 138
　　一、志愿服务践行青春责任 ............................................................... 138
　　二、"三下乡"社会实践彰显青年学生担当 ..................................... 144

## 第七章 升华之路：劳动教育与创新创业相结合 ..... 153

### 第一节 创新中的劳动教育 ..... 156
一、不要让希望的火苗轻易湮灭 ..... 156
二、离你并不遥远的创新 ..... 161

### 第二节 创业中的劳动教育 ..... 168
一、不要被云彩迷惑了眼 ..... 168
二、与你同呼吸的创业模式 ..... 178

## 附录1 中共中央 国务院 关于全面加强新时代大中小学劳动教育的意见 ..... 183
一、充分认识新时代培养社会主义建设者和接班人对加强劳动教育的新要求 ..... 183
二、全面构建体现时代特征的劳动教育体系 ..... 184
三、广泛开展劳动教育实践活动 ..... 186
四、着力提升劳动教育支撑保障能力 ..... 187
五、切实加强劳动教育的组织实施 ..... 188

## 附录2 教育部 大中小学劳动教育指导纲要（试行） ..... 190
一、劳动教育性质和基本理念 ..... 190
二、劳动教育目标和内容 ..... 191
三、劳动教育途径、关键环节和评价 ..... 195
四、学校劳动教育的规划与实施 ..... 198
五、劳动教育条件保障与专业支持 ..... 201

理论篇

第一章

# 深度审视：
## 劳动及劳动观

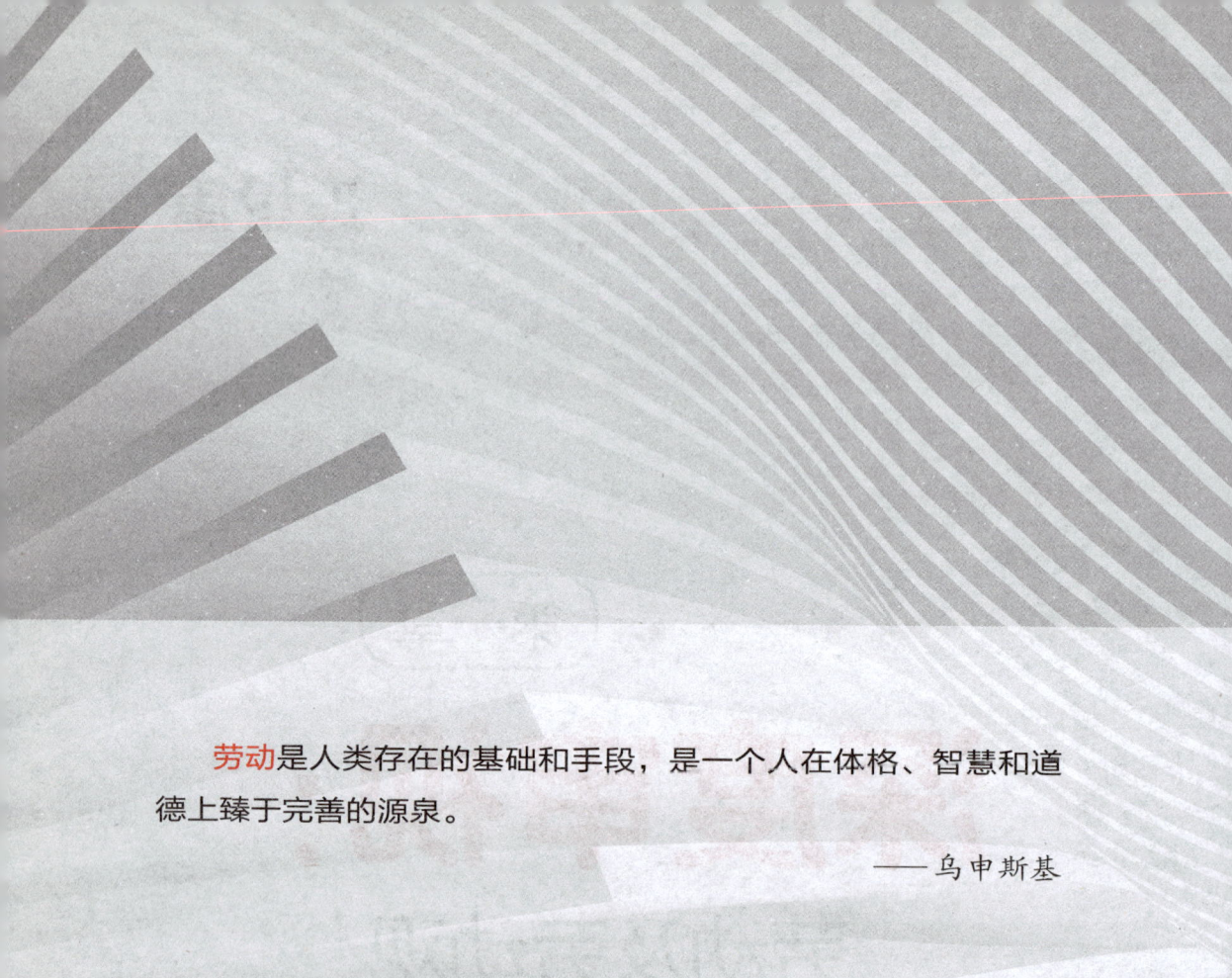

劳动是人类存在的基础和手段，是一个人在体格、智慧和道德上臻于完善的源泉。

——乌申斯基

## 教学目标

- ☑ 了解劳动的本质、内涵及分类。
- ☑ 掌握劳动、实践、生产等相关概念的区别。
- ☑ 知晓马克思主义的劳动观。

## 知识导图

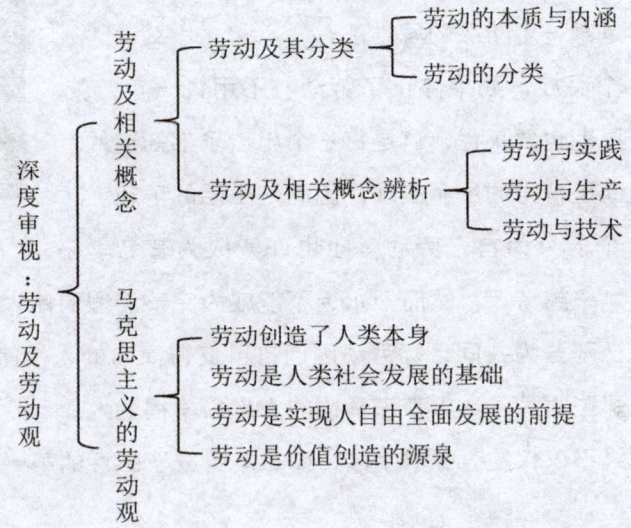

## 知识标签

劳动、劳动观、马克思主义劳动观

## 情景导入

### 劳动究竟是什么——马克思关于劳动的八大金句

- 只要社会还没有围着劳动这个太阳旋转，它就绝不可能达到均衡。
- 使用我的劳动力和劫掠我的劳动力完全是两回事。
- 劳动一被解放，大家都会变成工人，于是生产劳动就不再是某一个阶级的属性了。
- 任何一个民族，如果停止了劳动，不用说一年，就是几个星期也要灭亡，这是每一个小孩子都知道的。
- 我的劳动是自由的生命表现，因此是生活的乐趣。
- 如果一个人只为自己劳动，他也许能成为著名学者、大哲人、卓越诗人，然而他永远不能成为完善无瑕的伟大人物。
- 历史承认那些为共同目标劳动因而自己变得高尚的人是伟大的人物；经验赞美那些为大多数人带来幸福的人是最幸福的人。
- 劳动已经不仅仅是谋生的手段，而且本身成了生活的第一需要。

早在刀耕火种的远古时代，人类便开始积极从事改造自然界的劳作活动，劳动和劳动教育的历史同人类社会的发展密不可分，它们的内涵亦随着时代进步而不断丰富和发展。"劳动"是劳动教育的本体论范畴，对于劳动内涵及本质的理解是丰富劳动教育理论的动力和源泉。因此，如何理解劳动的概念，成为实施劳动教育的首要问题①。本章在论述"劳动"的本质、内涵及分类，厘清劳动、实践、生产等概念相互关系的基础上，进一步对马克思主义劳动观进行了系统的阐释。

---

① 徐海娇，柳海民．遮蔽与祛蔽：劳动的教育意蕴——基于马克思劳动概念的价值澄明 [J]．湖北社会科学，2017（6）：13-18．

## 第一节 劳动及相关概念

乍看起来劳动是一个人人熟知的概念，因为劳动与我们每个人的日常生活息息相关，对劳动概念的解读似乎有点多余。然而，倘若要给"劳动"下一个准确的定义，人们马上会陷入困境。对于我们而言，"劳动"似乎太熟悉了，以至于我们忘记了一个最基本的问题：劳动究竟是怎样的存在？本章对"劳动"概念进行学理分析，其主要目的是以"劳动"概念为基础，划定"劳动教育"的视域和范围。

### 一、劳动及其分类

#### （一）劳动的本质与内涵

劳动一词由来已久，在中国古代思想中，劳动最初是指"操作、活动"。例如先秦思想家庄周在其所著的《庄子·让王》中提到的"春耕种,形足以劳动"[①]，以及《三国志·华佗传》中的"人体欲得劳动，但不当使极尔"等[②]，劳动在这些著作中均指的是操作或活动的意思。在西方，从辞源上看，劳动有两种释义。作为动词，劳动是耕作的意思；作为名词，劳动是指比较费力的工作。由此可以看出，受经济发展水平的限制，劳动在以前多指的是体力活动。当今，随着社会生产力的发展，劳动不再局限于体力活动，而多指创造物质财富和精神财富的活动，即劳动是人们为了创造使用价值以满足物质和精神需要而对体力和脑力的耗费。给"劳动"下一个定义，看似简单，其实并非易事。由于人们所处时代、立场和视角不同，所给出的定义也会有所差异。马克思从劳动本质的角度把劳动定义为"劳动首先是人和自然之间的过程，是人以自身的活动来中介、调整和控制人和自然之间的物质变换的过程"[③]，这就是说劳动是人们有目的、有意识地运用自己的体力和智力改造自然界和人类社会的实践活动，它是人类赖以生存和发

---

[①] 庄周. 庄子[M]. 北京：中华书局，2010.
[②] 陈寿. 三国志[M]. 西安：陕西人民出版社，1995.
[③] 马克思，恩格斯. 马克思恩格斯选集：第2卷[M]. 北京：人民出版社，1995.

展的基础。从劳动所具有的教育属性出发，我们认为"劳动"指的是作为人的存在方式的能动的活动，人类通过这种能动活动去转化自然形态，发展人的精神能力，并通过这种转化，促进主体的对象化，使主体获得真正意义上的自由，最终促进人的自我实现。简单言之，劳动是人在与自然、他人、社会接触中所实施的具有生产性、道德性、教育性以及精神性的社会实践活动。

### 资料链接

《说文解字》:【卷十三】【力部】:"劳，剧也。从力，熒省。熒，火烧冂，用力者劳。"① ①指劳累过度意涵。《素问·举痛论》:"劳则气耗。"《素问·经脉别论》:"凡人之惊恐恚劳动静，皆为变也。" ②指忧虑，操心意涵。《灵枢·阴阳二十五人》:"木形之人……多忧劳于事。"③是虚劳病的简称。《金匮要略·血痹虚劳病脉证并治》:"夫男子平人，脉大为劳，极虚亦为劳。"

"劳"在《说文解字》中，意为奋力以赴的积极动作，乃勤苦任事不已之意。"劳"（勞）由"炏、冖、力"三部分组成，从造字结构上，我们也不难体察到古人耐人寻味的深意，"炏"代表温暖，光明，希望；"冖"为房屋，喻表生活；"力"代表辛勤、力量。一个简单的"劳"字，就是一则人生智慧的大彻大悟，充满教化意义，"劳"字启示我们，通过辛勤劳动，生活就会充满希望与光明。

《说文解字》【卷十三】【力部】:"動，作也。从力重声。古文動从辵。"①

动，会意兼形声字。金文从"重"（一个头上带有刑罚标志的人身背竹篓形），从"土"，用一个背重物的人站在地上会背得起来之意。古文另加义符"辵"（辶），以突出背得动。篆文改辵（辶）为力，表示用力把东西背起来了，重也兼表声。

---

① 臧克和，刘本才. 实用说文解字[M]. 上海：上海古籍出版社，2012：434.

隶变后楷书写作"動",如今简化作"动"①。

### （二）劳动的分类

依据不同的视角，劳动有不同的分类方式，当前主要的分类方式有如下几种。

按照传统的劳动分类理论，劳动可分为体力劳动和脑力劳动两大类。体力劳动是指那些体力占主要比例的复合劳动；脑力劳动是指那些脑力占主要比例的复合劳动。人内在存在的主要矛盾即人的意识主体与生命本体间的矛盾，人的任何行为都是这对矛盾的外在表现，都是其综合的结果。实际上，体力劳动与脑力劳动在人的实践活动中是不能完全分割的，把劳动区分为体力劳动和脑力劳动不等于将两者分隔，而恰恰是两者在实践上的统一，这源于认识与实践本身的关系。

马克思在其劳动价值论中，阐明了商品的价值量同简单劳动和复杂劳动的密切关系。他把劳动分为简单劳动和复杂劳动。简单劳动是指不需要经过专门训练和培养，一般劳动者都能从事的劳动；复杂劳动是指需要经过专门训练和培养，具有一定文化知识和技术专长的劳动者所从事的劳动。形成商品价值量的劳动，是以简单劳动为尺度的。复杂劳动等于自乘或多倍的简单劳动，也就是说，少量的复杂劳动等于多倍的简单劳动。在相同的劳动时间里，复杂劳动创造的价值大于简单劳动创造的价值。

由于按照传统的劳动分类理论把劳动分为体力劳动和脑力劳动两大类，不足以完全概括劳动的类型，现在理论界产生了另一种分类方式，即根据参与劳动的人体主流系统（人类运动可分为体力运动、脑力运动和生理力运动）的不同，将劳动分为体力劳动、脑力劳动和生理力劳动。一般人类劳动是由脑力劳动、体力劳动与生理力劳动按照不同的比例关系组合而成的。体力劳动是指以人体肌肉与骨骼的劳动为主，以大脑和其他生理系统的劳动为辅的人类劳动；脑力劳动是指以大脑神经系统的劳动为主，以其他生理系统的劳动为辅的人类劳动；生理力劳动是指除了体力劳动和脑力劳动以外的其他形式的人类劳动，主要指那些生理力劳动占主要比例的复合劳动。

从劳动教育内容的视角来看，劳动的主要形式有日常生活的劳动、生产性劳

---

① 谷衍奎. 汉字源流字典 [M]. 北京：语文出版社，2008：218.

动、服务性劳动以及创造性劳动等类型。日常生活的劳动，是指个人生活自理的劳动，注重学生在个人生活自理中强化劳动自立意识、体验持家之道，是学生健康发展、适应社会生活的重要基础；生产性劳动是指为创造物质财富而付出的劳动，注重学生在创造物质财富中强化劳动观念、体验劳动艰辛，养成尊重劳动、珍惜劳动成果的品质；服务性劳动是指利用知识、技能、工具、设备等为他人和社会提供服务的劳动，注重学生在公益劳动、志愿服务中强化社会责任，培养良好的社会公德；创造性劳动是指通过人的脑力劳动萌发出技术、知识、思维的革新，从而提升劳动效率、产生出超值社会财富或成果的劳动，注重学生开放性思维培育和挑战性实践探索，创造性劳动是一种巧干，在具体生产实践中能起到事半功倍的效果。

## 二、劳动及相关概念辨析

无论在日常生活还是学术研究中，常常出现"生产劳动""生产实践""劳动技术"等将劳动、生产、实践和技术等概念交叉使用的情形，在劳动教育的研究与实践中也频频出现此类现象。事实上，劳动、生产、实践和技术等概念既相互联系，又并不完全相同。厘清劳动、生产、实践和技术等概念之间的关系，将有助于我们进一步加深对劳动教育的认识和理解。

### （一）劳动与实践

"实践"作为西方哲学范畴，是从日本引进的。1912年，《东方杂志》作为国内当时影响力较大的期刊刊发一篇题为《德国社会党之胜利》的日文译文，首次把西方哲学范畴的"实践"概念引入国内，随后"实践"这一西方哲学概念在中国的历史语境下被广泛接受。在《哲学大词典》中，实践范畴是对人类自身社会历史活动本质的概括，具体指人类改造世界的有目的的感性物质活动。不难看出，尽管劳动、实践都是指人类有目的的活动，都对社会发展具有现实意义。但是，实践概念比劳动概念更具有抽象性和概括性，实践包含着更广泛的外延，其主要形式包括三个方面：

（1）改造自然的生产实践，即人们的物质生产活动，这是人类最基本的实践活动。

（2）变革社会的实践，如革命和改革、国家方针政策的制定、法律制度的建设和实施等，在阶级社会中，变革社会关系的实践主要表现为阶级斗争的实践。

（3）探索世界规律的科学实验活动等。

### （二）劳动与生产

劳动与生产是一对既相互联系又相互区别的概念，两者的相互联系主要体现在内容和社会功能上：一方面，劳动和生产作为人类有目的的创造性社会活动，都是人类社会存在和发展的基础；另一方面，劳动与生产又具体表现为内容和形式的统一，生产是劳动的形式。正因为如此，人们通常把两者联系起来指称同一对象，诸如"生产劳动""劳动生产"等，有时还相互交叉使用。但是，劳动和生产这对概念各有侧重。两者的相互区别体现在：其一，虽然劳动、生产都是有目的的创造性社会活动，但是，对于生产而言，更加侧重于活动的过程，而劳动更加侧重于活动本身；其二，劳动、生产各有其不同的类型。生产的具体表现一般为物质资料的生产、人的生产、精神生产以及社会关系的生产等，而劳动的具体表现一般为简单劳动、复杂劳动、管理劳动、操作劳动等；其三，劳动概念更加抽象、概括，因而更加具有普遍性。生产概念相对而言则更加具体，一般而言是劳动的具体表现形式。

### （三）劳动与技术

在我国特定语境下，劳动与技术经常是一对相伴相随的词语，多以"劳动技术"的形式出现，可以说"劳动"与"技术"两者之间也是既有联系，又有区别。两者的密切联系体现在，"劳动"与"技术"的概念有交叉和重叠，两者之所以经常相伴而出，是因为"劳动"与"技术"都与物质生产活动密切相关，"技术"通常被视为物质生产劳动的手段。而且当代"劳动"与"技术"的联系日益增强，"劳动"对于"技术"的依赖越来越强烈。两者的区别表现在，对于"技术"的常见看法，是技能说、工具说、手段说、知识说，就其本质而言，就是把技术作为对象的静态观点；反观"劳动"，通常被视为一种社会实践活动，就其本质而言，是把劳动作为一种活动的动态观点。

## 第二节　马克思主义的劳动观

劳动观是指人们对劳动的总的看法和根本观点，它是人们世界观、人生观和价值观的重要组成部分。劳动观是唯物史观首要的、基本的观点。在马克思主义的经典著作中，涉及劳动的论述颇多。从一定意义上讲，马克思主义的思想体系就是围绕劳动问题而展开的，劳动是马克思主义理论的核心范畴，是马克思主义理论体系的根基。马克思通过对异化和异化劳动的理解，辩证地批判了费尔巴哈，积极参加劳动人民的解放斗争，并在劳动中找到了人类发展和社会解放的钥匙，在劳动的基础上创立了历史唯物主义和剩余价值学说，使社会主义从空想转变成科学。马克思、恩格斯的劳动观核心内容有以下几点。

### 一、劳动创造了人类本身

人类历史的产生与劳动的产生是同一个过程，人类的发展史就是一部劳动史。马克思深刻指出，"整个所谓世界历史不外是通过人的劳动而诞生的过程，是自然界对人来说的生成过程。"唯物史观揭示了劳动是人类社会产生的基础和前提。劳动把人同动物区别开，把人从自然界中提升出来。劳动是人类所特有的一种能动的改造世界的实践活动。在劳动的直接推动下，人类经历了从早期猿人到晚期智人的发展过程。劳动促使人类的脑量不断增大优化，使人类体态特征越来越区别于猿而近似于现代人，而且使劳动工具日益改进和多样化，物质生活逐渐丰富起来，人类还因此拥有了独有的精神生活。

劳动创造了人

## 二、劳动是人类社会发展的基础

劳动创造世界，这是马克思主义劳动观的经典论断。劳动决定着社会的产生、变化与发展，人们在劳动中推动着社会历史的发展。在马克思看来，劳动是一切历史的基本条件，"人们单是为了能够生活就必须每日每时去完成它，现在和几千年前都是这样"。有了人类的劳动，有了满足人类生存必需的前提，才产生了生活和历史。不仅人类是劳动创造的，社会也是由劳动创造的。马克思认为，劳动是人的本质。劳动是人在外化范围内或作为外化的人的自为的生成。同时，劳动创造了包含工业、科学、艺术等社会的整个历史。马克思高度评价了劳动在推动历史发展和社会进步中的伟大意义，认为劳动是人类最基本和最重要的社会实践。离开劳动，无论是物质生产还是精神生产，乃至人类自身的生产，都不可能产生和存在。在漫长的历史长河中，正是千百万的劳动人民以辛勤劳动把人类文明不断推向前行。恩格斯说过，马克思是在劳动发展史中找到了理解全部社会发展史的钥匙。

## 三、劳动是实现人自由全面发展的前提

劳动是生产的真正灵魂，是人与自然、人与社会、人与人之间关系得以实现的中介，这是马克思主义劳动观的一个极其深刻的论断。马克思强调："任何一个民族，如果停止劳动，不用说一年，就是几个星期，也要灭亡，这是每一个小孩都知道的。"人在改变外部自然的同时，也使人自身得以改变和完善。恩格斯指出："历史破天荒第一次被安置在它的真正基础上：一个很明显而以前完全被人忽略的事，即人们首先必须吃、喝、住、穿，就是说首先必须劳动，然后才能争取统治，从事政治、宗教和哲学等。"马克思以异化劳动理论为基础，从资本主义社会实际出发，批判异化劳动、批判资本，揭示了资本对劳动的剥削和压榨以及对人本质的扭曲。马克思在深入考察人类文明史时发现，古往今来，人类一切生产实践活动都不是由单个的人来完成的，而是以共同劳动的方式来完成的。无论物质文明还是精神文明，都是人类在共同劳动过程中发挥主观能动性改造客观世界而形成的，人民群众是历史的创造者。

## 四、劳动是价值创造的源泉

劳动作为人类社会一切物质财富和精神财富的源泉，在人类生存与发展中具有根本作用。亚当·斯密鲜明地表达了劳动是财富之源的思想，"整个世界都弥漫着劳动的恩惠"。马克思进一步指出，"一切劳动，一方面是人类劳动力在生理学意义上的耗费；就相同的或抽象的人类劳动这个属性来说，它形成商品价值。一切劳动，另一方面是人类劳动力在特殊的有一定目的的形式上的耗费；就具体的有用的劳动这个属性而言，它生产使用价值。"马克思分析，劳动者通过劳动资料改造劳动对象、创造价值、形成财富。劳动价值论关注劳动创造价值这一事实本身，是对人的劳动价值的承认，在充分承认非劳动生产要素作用的基础上，突出强调人的劳动的作用。

从上述关于劳动是人的本质活动、劳动对于人和社会发展有着重要作用的描述中，我们不难发现马克思对于劳动的重视。"无论不从事生产的上层发生什么变化，没有一个生产者阶级，社会就不能生存"[1]，这样崇尚劳动的观念，让我们深刻地体会到这是马克思对于劳动者的充分肯定与高度赞扬。早在1835年，17岁的马克思在他的高中毕业作文中就阐述了，为了人类幸福而努力劳动的人生是幸福的人生、是伟大的人生。马克思的一生就是不畏艰难险阻，为追求人类发展的真理，为人类解放不懈奋斗，攀登思想高峰的一生。

拓展平台

### 1. 课程实践

**讲述故事：由毛岸英上"劳动大学"说起**

1946年春天，毛岸英大学毕业后从莫斯科回到了延安，一天下午他来到王家坪，向父亲汇报在国外学习的情况。

毛泽东坐在对面仔细地听着，不时点点头。然后，他望着儿子白里透红的脸庞，语重心长地说：你在苏联的大学毕业了，这很好，但学的是书本上的知识，可以说这只是知识的一半。你还需要上一个大学，就是劳动大学。

---

[1] 马克思恩格斯全集：第十九卷 [M]．北京：人民出版社，1963.

这个大学国外没有，中国过去也没有。在这个大学里你可以学到书本上学不到的知识。现在惊蛰刚过，农民又要开始辛勤耕耘了，正是你学习的好机会。

我已请好了一位老师，他是陕甘宁边区的特等劳动英雄吴满有，种庄稼的学问很深，你就上他那里学习吧。

毛岸英愉快地接受了父亲的建议和安排，迅速整理好行李准备出发。

临行前，毛泽东把自己穿了几年的一套粗布衣服送给他，叮咛说：什么时候有了你自己劳动的果实，老师和乡亲们满意了，你就可以毕业回来了。

毛岸英背上行李，步行去了30里外的劳动大学——吴家枣园。

到了农村这所大学，毛岸英虚心请教老农，坚持与群众同吃同住同劳动。吴满有对这位谦虚的学生也特别喜爱，教得十分认真，手把手地传授各种农活。

开头几天，毛岸英真有些不习惯，手上磨起了血泡，疼得火辣辣的，晚上躺在炕上，全身如同散了架一般。但一想到父亲的谆谆教导，仿佛浑身又来了劲，他咬牙坚持着，很快就适应了农村生活。

金秋时节，毛岸英背上自己生产的小米，也是一张实实在在的毕业证书，告别了尊敬的老师和建立起深厚情谊的众乡亲，回到了延安。毛泽东看到儿子后，真有点不认识了。

曾经的洋学生变成了一个地地道道的陕北后生，在风吹日晒中，脸变成了黑红色，头上扎着羊肚子毛巾，手上布满了一层厚茧。毛岸英不仅学到了农活技术，更重要的是他了解了农村，熟悉了农民，培养了同劳动人民的感情。

经过一系列艰苦的实践锻炼后，毛岸英被分配到中央宣传部做秘书和翻译工作，他没有辜负父亲的教导和期望，成为一名合格的共产主义战士。

在延安在职干部教育动员大会上，毛泽东指出，实践是一所"无期大学"，一本"无字之书"。

毛泽东送儿子同基层劳动人民学习实践，就是源自这个道理。实践永无止境，这种学习伴随每个人的一生。新干部不上实践这所"无期大学"，不读实践这本"无字之书"，就会在人生履历中留下空白，素质就不可能全面提高，即使取得再多的成绩也是无源之水、无根之木，最终仍然是一个"瘸腿"的人。

## 2. 阅读思考

**【背景材料】**

2018年4月30日,习近平总书记给中国劳动关系学院劳模本科班学员的回信,回信内容如下:

中国劳动关系学院劳模本科班的同志们:

你们好!"五一"国际劳动节前夕,收到你们的来信,我感到十分高兴。你们为党和国家事业发展作出了突出贡献,被评为劳动模范,如今又在读书深造,这是对大家辛勤劳动、无私奉献的褒奖,也是党和国家对劳动者的关怀。

社会主义是干出来的,新时代也是干出来的。希望你们珍惜荣誉、努力学习,在各自岗位上继续拼搏、再创佳绩,用你们的干劲、闯劲、钻劲鼓舞更多的人,激励广大劳动群众争做新时代的奋斗者。

我一直强调,劳动最光荣、劳动最崇高、劳动最伟大、劳动最美丽。全社会都应该尊敬劳动模范、弘扬劳模精神,让诚实劳动、勤勉工作蔚然成风。

值此"五一"国际劳动节之际,我向你们、向全国所有劳动模范、向全国广大劳动者,致以节日的问候。

习近平<br>2018年4月30日

**【问题思考】**

习近平总书记给中国劳动关系学院劳模本科班学员的回信凝聚着一个鲜明的主题:崇尚劳动、致敬劳动者。一句句饱含深情的话语,让广大劳动群众倍感温暖与振奋,也成为新时代全体劳动人民努力奋斗的不竭动力。习近平总书记的回信给了我们什么样的启示?

理论篇

第二章

# 本质追问：
## 劳动教育及其历史发展

完善的新人应该是在劳动之中和为了劳动培养而培养起来的。

——欧文

## 教学目标

- ☑ 掌握劳动教育的内涵和特点。
- ☑ 明确劳动教育的性质和其在国民教育体系中的地位。
- ☑ 了解新中国劳动教育的演进过程及成功经验。
- ☑ 理解劳动教育，重视劳动教育，乐于接受劳动教育，在日常行为习惯的养成中自觉培养劳动意识。

## 知识导图

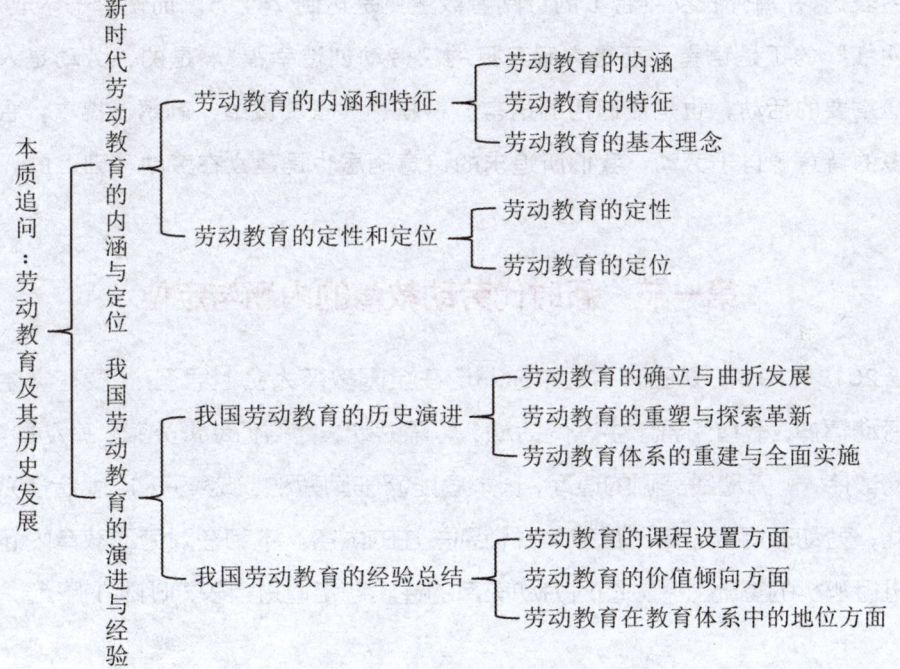

## 知识标签

劳动教育、劳动教育的内涵与特征、劳动教育历史发展

 情景导入

李子柒

### 从李子柒的故事说劳动教育

网络上,一名叫李子柒的姑娘爆红海内外。作为知名短视频博主,她拍的视频以中国传统美食文化为主线,围绕农家的衣食住行展开,古韵十足。古法的工序、古老的传统、古朴的炊具、古雅的氛围,再配以素淡的古装和悠扬的古调,在她的手上,美味佳肴、笔墨纸砚、服饰家居都能一点一点做出来。可以说,只有网友想不到,没有子柒做不到。她的作品传达出积极向上、热爱劳动、热爱生活的态度和独立自强的奋斗精神,在海内外圈粉无数。她不仅获得中央电视台的点名表扬,在海外社交平台上的订阅者数量更是达到741万。而使李子柒成为"全球网红"的不是语言,而是肉眼可见的"劳动创造幸福"。是的,劳动是人类世界最重要的活动,也是最通用的语言。耕耘、桑蚕、裁缝、刺绣、捣衣,古诗中众多的诗意源自于劳动,我们所追求的诗意栖居也是建立在劳动基础上的。

## 第一节 新时代劳动教育的内涵与定位

2018年9月10日,习近平总书记在全国教育大会上号召:"要在学生中弘扬劳动精神,教育引导学生崇尚劳动、尊重劳动,懂得劳动最光荣、劳动最崇高、劳动最伟大、劳动最美丽的道理,长大后能够辛勤劳动、诚实劳动、创造性劳动。"由此,劳动教育成为新时代教育界特别关注的内容。本节在对劳动教育内涵及特征进行辨析的基础上,力图对劳动教育的性质与定位进行较为明晰的厘定。

### 一、劳动教育的内涵和特征

#### (一)劳动教育的内涵

过去,人们对于劳动教育概念的理解,仁者见仁,智者见智,并未有明确的界定。有将劳动教育看成是依附于德育或智育的下位概念,有将劳动教育看成德育与智育的综合体,还有将劳动教育看成是一种综合性的实践形式。2020年7月

教育部印发《大中小学劳动教育指导纲要（试行）》（以下简称《指导纲要》）统一了人们对于劳动教育的认识，《指导纲要》明确指出：劳动教育是发挥劳动的育人功能，对学生进行热爱劳动、热爱劳动人民的教育活动。新时代劳动教育的内涵可以用三句话来概括：从目的宗旨上看，它是为了劳动（者）的教育；从内容要求上看，它是关于劳动的教育；从实施途径上看，它是在劳动中进行教育。

劳动教育的内涵

### 1. 为了劳动（者）的教育

社会主义劳动教育蕴含着为谁而劳作的问题，它是对抗资本家、反对剥削、培养劳动者的教育，是为广大劳动人民谋幸福的教育，有着明确的人人劳动、消灭剥削的制度建设规定，这是它与其他劳动教育思潮的根本差别，也就是说，劳动教育是以人民为中心的。今天我们强调劳动教育，就是坚持和发展中国特色社会主义教育制度，就是营造尊重劳动、热爱劳动、崇尚劳动的社会主义先进文化，让所有人的劳动及其劳动成果都得到尊重。

尊敬普通劳动者，增进与劳动人民的感情，为人民谋幸福，这是中国共产党人的初心和使命所在，也是劳动教育的本质要求。对于高校而言，劳动教育就是让学生真正做好参加劳动准备的教育。这绝不只是一个传授知识和技能的问题，更重要的是让学生在道德上做好劳动的准备，即热爱劳动，对某种劳动形成一定的经验，能够自觉地参加劳动，并有意识地确定自己从事某种劳动的志向。当前，我国部分青少年中出现的不珍惜劳动成果、不想劳动、不会劳动的现象，正是劳动准备不足的典型表现。

### 2. 关于劳动的教育

劳动教育是引导学生全面、正确认识劳动的教育，其主要担负着以下四个方面的目标任务。

（1）形成正确的劳动观念和态度。正确理解劳动是人类发展和社会进步的根本力量，认识劳动创造人、创造价值、创造财富、创造美好生活的道理，尊重劳动，尊重普通劳动者，牢固树立劳动最光荣、劳动最崇高、劳动最伟大、劳动最美丽的思想观念。

（2）具有必备的劳动能力。能掌握基本的劳动知识和技能，正确使用常见劳动工具,增强体力、智力和创造力,具备完成一定劳动任务所需要的设计、操作能力及团队合作能力。劳动能力在某种程度上反映为劳动经验(包括劳动智慧和劳动技术),劳动经验的传承是劳动教育的重要内容。概括来说,经验可分为两种:有的可能说得清、道得明,最终可以转化为流程、方法、工具及其他物质装置等;有的可以体验到、领悟到,却难以言传、难以复制,那就是智慧。现代社会,人们可以借助技术的手段实现某种目的。因此,技术成了劳动教育的主要内容。但从长远看,能够复制的技术终将由机器操作,由人工智能去操作。所以学校劳动教育要以技术为载体,但不应该囿于技术的学习和工具的使用。

(3)培育积极的劳动精神。劳动精神,主要指人们对劳动的热爱态度以及劳动者在劳动过程中体现出来的积极人格气质。前者包含对于劳动价值的认识、对于劳动的正向态度,以及对劳动者、劳动过程、劳动成果的尊重等。习近平总书记所说的"要在学生中弘扬劳动精神,教育引导学生崇尚劳动、尊重劳动,懂得劳动最光荣、劳动最崇高、劳动最伟大、劳动最美丽的道理,长大后能够辛勤劳动、诚实劳动、创造性劳动"即指前者,后者是指对于劳动的热爱态度在劳动主体身上的体现,包括劳动者身上所具有的对于劳动的积极评价、敬业态度、积极性、创造性等。在日常生活中,劳动精神的树立常常与向劳动者,尤其是向"劳动模范"这类榜样的学习联系在一起。

(4)养成良好的劳动习惯与品质。尽管当下不少劳动已经或正在被人工智能取代,但是那些抽象劳动、个性化劳动很难被取代,劳动的场所、机会随处可见,无时不在。技术与劳动者之间不只是相互替代的关系,更重要的是互补关系。人工智能在替代部分劳作的同时,也会创造许多新的岗位、新的机会。无论处在什么样的时代,每个人都要自觉自愿、认真负责、安全规范、坚持不懈地参与劳动,形成诚实守信、吃苦耐劳的品质,珍惜劳动成果,养成良好的消费习惯,杜绝浪费。

### 3. 在劳动中进行教育

我国一直坚持"教育与生产劳动相结合"的方针,在劳动实践中进行教育,是劳动教育的应有之义,我们不能离开实际的劳动过程空谈劳动教育,只有在实干中才能真正懂得实干兴邦的道理。具体地讲,劳动教育包括以下三类:

(1)生产劳动教育,主要指让学生在工农业生产过程中直接经历生活必需品的生产、物质财富的创造过程；体验从简单劳动、原始劳动向复杂劳动、创造性劳动的发展过程；学会使用工具，掌握相关技术，感受劳动创造价值，增强产品质量意识，体会平凡劳动中的伟大，进而尊重普通劳动者、尊重劳动成果，为正确劳动价值观的形成奠基。

（2）服务性劳动教育，让学生利用知识、信息、技能、设备、工具等为他人或社会提供服务，包括在现代服务性岗位上见习实习，提升服务本领；在公益劳动、志愿服务中强化社会责任感，培育良好的社会公德。

（3）日常生活劳动教育，指在个人生活自理和家庭生活事务的处理中进行劳动教育，它立足个人生活事务处理，结合开展新时代校园爱国卫生运动，注重生活能力和良好卫生习惯培养，树立自立自强意识。

### （二）劳动教育的特征

新时代的高等职业教育就是坚持"立德树人"，培养德才兼备、全面发展的高素质劳动者，劳动教育既是促进人全面发展的必要条件，也是最基本最有效的途径。新时代高职院校劳动教育具有其时代性、实践性、综合性和适度性。

劳动教育的特征

#### 1. 时代性

高职院校劳动教育是以劳动为基础，而劳动的形式与方法随着时代的变迁具有多样化的特点，这种多样性是劳动教育时代性的反映。高职院校劳动教育并非简单意义上的"谋生教育"，而是包括道德、意志、情感培育在内的智力与体力劳动教育的综合教育，要符合时代性的要求。时代性要求高职院校劳动教育要做到"顶天立地"，即劳动教育既应当体现时代发展方向，也必须适应社会现实。具体来说，人类劳动面对第四次工业革命，正处在新的革命性发展的路口。一方面，以人工智能和物联网为引领的劳动工具和劳动方式的变革风暴正在悄然兴起，另一方面，"面朝黄土背朝天""汗流浃背"式的脏、苦、累、险的体力劳动仍然存在；一方面，随着人类物质资料的极大丰富和福利制度的逐步推广，"自由劳动"初露端倪，另一方面，为谋生计的"被迫劳动"仍广泛存在。高职院校劳动教育必然反映劳动面临的时代新发展。

## 2. 实践性

高职院校劳动教育必须面向真实的生活世界和职业世界，引导学生以动手实践为主要方式，在认识世界的基础上，获得有积极意义的价值体验，学会建设世界，塑造自己，实现树德、增智、强体、育美的目的。高职院校劳动教育就是按照"教育与生产劳动相结合"的原理，坚持知行合一，在劳动过程中逐步完成劳动教育的目标。因而，实践性是劳动教育的基本特征。劳动教育的主要活动形式包括日常性劳动、社会实践或者义务劳动、生产实践或者企业学习等，是基于实践的教育活动。因此，高职院校的劳动教育要纳入人才培养整体实践教学环节，同时要注重理论教学与实践教学的比例，以确保劳动教育的效果。

## 3. 综合性

高职院校劳动教育，既是"五育"的一个方面，同时又能兼"五育"而有之，而且在更高层次、更大程度上吸纳了德、智、体、美诸方面。高职院校劳动教育不仅要培育和养成学生的劳动观念、态度、知识和技能，而且还要开展与劳动相关的身体锻炼、心理健康、劳动审美等教育。劳动是一种指向更深层次的德行养成、智力构建、体魄塑造、美感追求。劳动教育的教育性正是通过其综合性体现出来。因此，劳动教育中的"劳动"与生产劳动既有联系又有区别，劳动教育不能简单地理解为在生产劳动中接受教育，而是以"劳动"为手段提升自己的综合素质，以弥补大学生在心理或者能力方面可能存在的缺陷，促进自身的全面发展。

## 4. 适度性

健康的劳动教育必须也必然是适度的。这里的"适度"可以理解为阶段性，还可以理解为安全性，既指不同的教育阶段有不同的劳动教育任务，亦指劳动教育的内容要符合受教育者身心发展的特点。大学教育是培养"德智体美劳"合格的高素质人才，"五育"是人才培养体系的重要组成部分，不可偏颇。高职院校劳动教育要符合大学生的生理心理特点和遵循教育教学规律，做到劳动教育强度适当，强度太弱则达不到教育目标，强度太大则影响其他教育目标的实现，并可能形成学生对劳动教育的疲劳感或者对立情绪。劳动教育内容要适宜，切合学生的生活以及专业学习的实际，要使学生在劳动教育过程中能够享受和珍惜自己的劳动成果，从而形成一种责任感。

### （三）劳动教育的基本理念

**1. 强化劳动观念，弘扬劳动精神**

将劳动观念和劳动精神教育贯穿人才培养全过程，贯穿家庭、学校、社会各方面。注重让学生在学习和掌握基本劳动知识技能的过程中，领悟劳动的意义和价值，形成勤俭、奋斗、创新、奉献的劳动精神。

**2. 强调身心参与，注重手脑并用**

把握劳动教育的根本特征，让学生面对真实的个人生活、生产和社会性服务任务情境，亲历实际的劳动过程，通过观察思考，运用所学知识解决实际问题，提高劳动质量和效率。

**3. 继承优良传统，彰显时代特征**

在充分发挥传统劳动、传统工艺项目育人功能的同时，紧跟科技发展和产业变革，准确把握新时代劳动工具、劳动技术、劳动形态的新变化，创新劳动教育内容、途径、方式，彰显劳动教育的时代性。

**4. 发挥主体作用，激发创新创造**

关注学生劳动过程中的体验和感悟，引导学生感受劳动的艰辛和收获的快乐，增强获得感、成就感、荣誉感。鼓励学生在学习和借鉴他人丰富经验、技艺的基础上，尝试新方法、探索新技术，打破僵化思维方式，推陈出新。

## 二、劳动教育的定性和定位

### （一）劳动教育的定性

关于全面加强新时代大中小学劳动教育的意见

2020年3月20日，中共中央 国务院《关于全面加强新时代大中小学劳动教育的意见》（以下简称《意见》）发布，这是国家最高层面对大中小学劳动教育进行的顶层设计和系统部署，充分体现了党和政府对大中小学劳动教育的高度重视，《意见》对劳动教育的性质有明确说明。

**1. 劳动教育是中国特色社会主义教育制度的重要内容**

《意见》强调"劳动教育是中国特色社会主义教育制度的重要内容",从根本上确立了劳动教育在我国国民教育体系中的重要地位。

我国国民教育从内容上讲,包括德育、智育、体育、美育和劳动教育。《意见》特别把劳动教育纳入中国特色社会主义教育制度的重要内容,这是国家教育制度体系的重要创新。劳动教育是坚持中国特色社会主义教育道路的内在要求。劳动教育是中国特色社会主义教育的本质属性。作为社会主义国家,我国一向重视劳动教育,重视教育与生产劳动相结合。进入新时代,把劳动教育纳入党的教育方针,作为我国教育制度的重要内容,是坚持中国特色社会主义教育道路的经验总结。在全国教育大会上,习近平总书记站在新时代坚持和发展中国特色社会主义的战略高度,强调要努力构建德智体美劳全面培养的教育体系,形成更高水平的人才培养体系,这是对中国特色社会主义教育道路的深刻总结。劳动教育不仅是党和国家对教育工作的基本要求,更是社会发展对教育现代化的内在要求。习近平总书记强调,要在学生中弘扬劳动精神,教育引导学生崇尚劳动、尊重劳动,懂得劳动最光荣、劳动最崇高、劳动最伟大、劳动最美丽的道理,长大后能够辛勤劳动、诚实劳动、创造性劳动。

《意见》明确指出:"劳动教育直接决定社会主义建设者和接班人的劳动精神面貌、劳动价值取向和劳动技能水平。"党的十九大报告提出,建设知识型、技能型、创新型劳动者大军,弘扬劳模精神和工匠精神,营造劳动光荣的社会风尚和精益求精的敬业风气。根据中国社会科学院发布的《人口与劳动绿皮书:中国人口与劳动问题报告 No.19》,我国劳动年龄人口到 2017 年一共减少 578 万人,预计到 2050 年将减少 2 亿人①。在经济结构和劳动力结构转型的双重压力下,加强劳动教育更成为培养社会主义建设者和接班人的必然之路。只有加强劳动教育,提高劳动者的素质,提升劳动质量,才能适应社会生产发展和产业升级的需

---

① 中国社会科学网. 2019 年 1 月 3 日,《人口与劳动绿皮书:中国人口与劳动问题报告 No. 19》发布会 [EB/OL].（2019-01-07）[2020-03-30]. http://iple.cass.cn/xshd_46047/201901/t20190107_4807400.shtml.

求,加快实现从"人口红利"向"人才红利"的转变,有效推动我国经济高质量发展。以习近平同志为核心的党中央强调加强劳动教育,提出将学生培养成德智体美劳全面发展的社会主义事业建设者和接班人的明确要求,对于实现中华民族的伟大复兴具有重要的战略意义。

### 2. 劳动教育是全面发展教育体系的重要内容

《意见》强调"劳动教育是国民教育体系的重要内容,是学生成长的必要途径,具有树德、增智、强体、育美的综合育人价值"。围绕这一新论断,《意见》明确了新时代劳动教育的一系列基本问题。

(1) 确立了劳动教育的独立学科地位。《意见》明确"实施劳动教育重点是在系统的文化知识学习之外,有目的、有计划地组织学生参加日常生活劳动、生产劳动和服务性劳动,让学生动手实践、出力流汗,接受锻炼、磨炼意志,培养学生正确的劳动价值观和良好的劳动品质"。这充分说明,劳动教育不同于"系统的文化知识学习",或者说,不能用系统的文化知识学习代替劳动教育。劳动教育具有自己独立的教育体系。

(2) 明确了劳动教育的培养目标。《意见》从知、情、意、行四个方面,规定了劳动教育的目标,强调"通过劳动教育,使学生能够理解和形成马克思主义劳动观,牢固树立劳动最光荣、劳动最崇高、劳动最伟大、劳动最美丽的观念;体会劳动创造美好生活,体认劳动不分贵贱,热爱劳动,尊重普通劳动者,培养勤俭、奋斗、创新、奉献的劳动精神;具备满足生存发展需要的基本劳动能力,形成良好劳动习惯"。

(3) 明确了劳动教育的课程教学评价体系。《意见》要求"整体优化学校课程设置,将劳动教育纳入中小学国家课程方案和职业院校、普通高等学校人才培养方案,形成具有综合性、实践性、开放性、针对性的劳动教育课程体系"。特别强调"根据各学段特点,在大中小学设立劳动教育必修课程,系统加强劳动教育",要求"根据教育目标,针对不同学段、类型学生特点,以日常生活劳动、生产劳动和服务性劳动为主要内容开展劳动教育。结合产业新业态、劳动新形态,注重选择新型服务性劳动的内容";要求"将劳动素养纳入学生综合素质评价体系,把劳动素养评价结果作为衡量学生全面发展情况的重要内容,作为评优评先的重要参考和毕业依据，作为高一级学校录取的重要参考或依据"。

（4）明确了实施劳动教育的保障体系。《意见》从资源、师资、经费、保障等方面，强化劳动教育的实施条件建设，要求：建立以县为主、政府统筹规划配置中小学（含中等职业学校）劳动教育资源的机制；采取多种措施，建立专兼职相结合的劳动教育师资队伍；健全经费投入机制；多方面强化安全保障。特别强调要"在党委统一领导下，各级政府要把劳动教育摆上重要议事日程，把劳动教育纳入教育督导体系，完善督导办法，开展劳动教育质量监测，强化反馈和指导"等。

### （二）劳动教育的定位

新时代高职院校劳动教育是国民教育人才培养体系的重要组成部分，具有特殊的地位。

#### 1. 劳动教育与德、智、体、美育的关系

2018年9月10日，习总书记在全国教育大会上深刻指出："要努力构建德智体美劳全面培养的教育体系，形成更高水平的人才培养体系。"教育事业培养的人才是德智体美劳全面发展的社会主义的接班人。在教育这个有机系统中，作为组成部分的"五育"之所以有意义，就是因为它存在于"整体的教育"之中。正如人的眼睛在离开了人的身体之后就不能称为"眼睛"一样，劳动教育如果离开了作为整体的教育和全面发展的教育思想，就非劳动教育本身了，就失去了其独立存在的价值。另一方面，在教育这个有机系统中，作为组成部分的"五育"之间的关系并不是一种机械式联系，而是互蕴和互摄的关系。正如我们很难划出德育与智育、德育与体育、德育与美育之间清晰的边界一样，我们也很难划分出"劳动教育"与其他"四育"之间的清晰边界。

劳动教育与德、智、体、美育的关系

劳动教育与德育、智育、体育、美育既密切联系又各有特点。首先，五育联系紧密，无法彼此分离。劳动教育在整个学校的教育体系中处于重要地位，决定了劳动教育的自身课程体系建设应汲取德育、智育、体育、美育之精华，让学生在劳动教育的载体上以德育中塑造的世界观、人生观、价值观为指引，以体育中

练就的顽强毅力和坚强体魄为基础，充分发挥在智育中培养的专业技能，呈现美育熏陶下的劳动成果，让学生在能够尽情发展其自身能力、展现其创造力的普遍性和连续性劳动中，真实体验劳动所带来的尊严感、幸福感和价值感。这体现了劳动可以树德、增智、强体、育美。其次，五育各有侧重，不能彼此替代。德育侧重于解决学生"对世界怎么看"的问题，体现"善"的要求；智育侧重于开发学生"改造世界的能力"，体现"真"的要求；体育为学生"看世界、改造世界"提供身体机能支撑，体现"健"的要求；美育注重学生"看世界、改造世界"过程中的心灵塑造，体现"美"的要求；而劳动教育侧重于培养劳动观念、培育劳动技能，为涵养学生的劳动态度、劳动习惯、劳动品德和劳动价值观奠定坚实基础，体现"实"的要求[①]。将劳动教育与德智体美教育并列，既是对劳动教育本身的有效加强，也是对德智体美教育的有力支撑，劳动教育应该成为完善人才培养目标、支持德智体美教育的重要平台。

### 2. 高校劳动教育的功能定位

劳动教育在本质上属于社会教育领域，高校劳动教育只是劳动教育的实施领域或实施途径之一。虽然学校劳动教育具有"以劳树德，以劳增智，以劳健体，以劳育美，以劳创新"[②]的作用，但不能过度拔高和夸大。

人类早期的教育是在工作场所和生活场所进行的，是与生产劳动和社会生活

---

[①] 刘向兵. 新时代高校劳动教育的新内涵与新要求——基于习近平关于劳动的重要论述的探析[J]. 中国高教研究，2018：(11).

[②] 徐长发. 新时代劳动教育再发展的逻辑[J]. 教育研究，2018，39（11）：12-17.

融为一体的。因此,说人类早期的(广义)教育就是劳动教育和生活教育也不为过。但现代教育之所以是"现代的",其标志之一就在于人类教育活动由生产劳动和生活场所向学校集中,学校成为专门实施教育的机构,并形成了制度化的学校教育体系。因此,现代学校教育形成了三个最基本的特点:

(1)从教育场所来看,学校教育与生产劳动是分离的。

(2)从教育内容来看,学校教育中的知识是间接性知识(由科学家和课程专家加工后的科学和文化知识)而非直接性知识(作为原始知识形态的劳动和生活知识)。

(3)从知识获取方式来看,学校教育是通过间接性学习而非直接经验来学习。

学校教育的出现是人类教育的巨大进步,其进步的根本在于学校教育是通过概念化和理论化知识的学习(如学习牛顿的万有引力定律和爱因斯坦的相对论),来发展和提升人的理性精神、科学思维和创新能力。目前,学校教育中出现了走向生活世界和劳动场所的呼声,不少学校也开展了基于项目的学习、研究性学习、社区劳动等,但这只不过是学校教育向校外教育场所的延伸,目的在于通过劳动和社会实践等直接经验的方式来加深对抽象知识(包括道德认知)的理解和认识,从而提高理论知识(书本知识)学习的效率。

就高校劳动教育而言,其目的在于通过劳动教育,培养学生正确的劳动价值观,增强对书本知识的感性认识,锻炼身体、增强体质。因此,高校劳动教育的功能定位只能是作为科学文化知识教育的一种辅助,不能取代书本知识的学习。另一方面,就现代社会的教育体系而言,其主要由学校教育、社会教育和家庭教育三部分组成。对于像劳动价值观这类素养的培养,是不能以学校教育为主导来进行的,也不是由学校教育一蹴而就的。

## 第二节 我国劳动教育的演进与经验

新中国劳动教育的历史演进

### 一、我国劳动教育的历史演进

中华人民共和国成立以来,我国劳动教育呈现出了阶段性发展态势,从强调教育与生产劳动相结合，到把劳动教育贯穿于素质教育之中，再到构建新时代劳动教育体系，体现了不断革新发展的演进脉络。

### 1. 劳动教育的确立与曲折发展（1949—1977年）：教育与生产劳动相结合

中华人民共和国成立后，国家建设百废待兴，为适应这一时期国家政治、经济和社会发展需要及满足农业、工业生产需求，我国教育工作的主要任务是以汲取老解放区的教育经验为基础，借助苏联经验和模式改变旧教育，建立适应社会主义建设的新教育。

**资料链接**

1949年12月，第一次全国教育工作会议提出了坚持教育为工农服务、为生产建设服务的方针。1950年，中央人民政府政务院颁发《关于改革学制的决定》，提出各级各类学校应提倡实施教育与生产劳动相结合的意见。1952年，教育部颁发《中学暂行规定》，提出以理论联系实际为一切教学的原则，同时也指出了实施劳动教育教学的途径。

1954年，中央宣传部出台《关于高小和初中毕业生从事生产劳动的宣传提纲》，指明了体力劳动与脑力劳动的关系，提出体力劳动是一切劳动的基础，培养社会主义社会全面发展的成员。1957年，毛泽东提出要把培养全面发展的劳动者作为社会主义教育的根本目标。在这一方针指引下，全国开展了勤工俭学、教育与生产劳动相结合的教育改革。1958年，中共中央、国务院《关于教育工作的指示》指出："党的教育方针是教育为无产阶级的政治服务，教育与生产劳动相结合。"[1] 同时，还规定："在一切学校中，必须把生产劳动列为正式课程。每个学生必须依照规定参加一定时间的劳动。"[2] 在课程设置上，小学增设"手工劳动课""生产劳动课"，注重动手能力的培养；中学阶段增设教学工厂实习等实践课程，强调学生实践能力的重要性，注重与农业、工业生产技术相结合，推

---

[1] 中共中央国务院. 关于教育工作的指示 [EB/OL]. http://www.china.com.cn/guoqing/2012-09/10/content_26746856.htm.
[2] 中共中央国务院. 关于教育工作的指示 [EB/OL]. http://www.china.com.cn/guoqing/2012-09/10/content_26746856.htm.

行勤工俭学与半工半读的教育形式。1963年3月，中共中央印发《全日制中学暂行工作条例（草案）》，强调了全日制中学应该贯彻执行教育为无产阶级的政治服务、教育与生产劳动相结合的方针，并专列一章阐述生产劳动，指出了学生参加生产劳动的重要性[①]。

这段时期，毛泽东等党和国家领导人高度重视劳动教育问题，强调劳动教育最显著的特征是：教育与生产劳动相结合，注重生产劳动的实用性。劳动教育贯穿到了各级各类学校的教育教学中，劳动教育教学注重生产常识的培养与劳动技能的养成。

### 资料链接

"教育与生产劳动相结合"被贯彻到教育的各环节，落实到各类学校，甚至反映到社会经济生活的各方面。例如我国第三版人民币1角面额纸币正面的图案内容就是"教育与生产劳动相结合"。

"文革"时期，劳动的作用被盲目夸大，劳动教育被误读，甚至出现了"唯劳动是教学、读书无用唯劳动"的极端倾向，以教育与生产劳动相结合为主线的劳动教育探索出现了一定偏差。

劳动教育从建国初期的初步确立、快速发展到"文革"时的偏差解读、曲折探索，究其原因，主要是我国当时处于社会主义道路的探索初期，社会生产力发展不足，在某些情况下误读了普通教育与劳动教育的关系。但这一时期，毛泽东提出了教育与生产劳动相结合的方针，为后续劳动教育的发展树立了正确理念，

---

① 中共中央. 全日制中学暂行工作条例（草案）[EB/OL]. http://e-du6.teacher.com.cn/tln009a/doc/d000108030208.htm.

从辩证唯物主义的哲学高度，突出了理论与实际相结合的教育思想和教育为工农大众服务的宗旨，具有划时代的奠基作用。

**2. 劳动教育的重塑与探索革新（1978—2011年）：素质教育的实施与劳动技术教育的兴起**

改革开放后，教育事业与人才培养进入了新的发展阶段。1978年，邓小平在全国教育工作会议上指出：为了培养社会主义建设需要的合格的人才，我们必须认真研究在新的条件下，如何更好地贯彻教育与生产劳动相结合的方针。新形势对劳动教育的开展提出了新的要求。

以经济建设为中心、推动社会主义现代化建设，迫切要求提高劳动者素质，素质教育逐渐受到重视。以素质教育的逐步实施为背景，劳动教育得以重塑与升华。教育与生产劳动相结合更加注重劳动技术、劳动技能教育。促进劳动者素质提升、推进素质教育实施成为大势所趋。这也在国家颁发的一系列政策文件中得以体现。

### 资料链接

1982年，教育部颁发了《关于普通中学开设劳动技术教育课的试行意见》，提出了开设劳动技术教育课程的目的、意义和原则，指出劳动技术教育是中学教育不可缺少的组成部分。开设劳动技术教育课程的目的在于培养德、智、体全面发展的一代新人。1985年，中共中央《关于教育体制改革的决定》指出，社会主义现代化建设的宏伟任务，就是大规模地准备新的能够坚持社会主义方向的各级各类合格人才，并造就数以亿计的工业、农业、商业等各行各业有文化、懂技术、业务熟练的劳动者。1986年，时任国家教委副主任彭珮云明确提出"把德育作为德、智、体、美、劳五育全面发展的一个有机组成部分，使五育互相配合、互相渗透"，形成了"五育全面发展"的教育思想[①]。

20世纪八九十年代，我国曾经展开了关于素质教育的大讨论。素质教育的

---

① 李珂，曲霞. 1949年以来劳动教育在党的教育方针中的历史演变与省思[J]. 教育学报，2018，14（5）：63-72.

素质教育

提出不仅是教育自身改革的需要,更是时代发展与社会变革的需要,它促进了人才培养目标与方式的根本转变。80年代,教育资源的匮乏导致升学率偏低,"片面追求升学率"的应试教育一度较为突出,劳动教育的实施受到了一定的干扰。1999年,中共中央、国务院《关于深化教育改革全面推进素质教育的决定》提出,教育与生产劳动相结合是培养全面发展人才的重要途径,强调各级各类学校要加强和改进对学生的生产劳动与实践教育,同时积极提供条件,扭转应试教育,从德、智、体、美、劳等方面来推动素质教育的实现[1]。

这一时期,伴随着"三个面向"以及"科学技术是第一生产力"的提出与实施,教育与生产劳动相结合形成了新的发展模式,并体现在各级各类学校教育教学中。

(1) 大力发展职业教育,使之成为教育为社会经济服务的重要渠道。

(2) 多元、分层实施劳动教育,根据1982年教育部《关于普通中学开设劳动技术教育课的试行意见》等政策要求,中小学阶段劳动教育课程与教学逐步规范,根据学生的成长特征设置了不同的劳动教育教学内容,即小学阶段开设劳动教育课,初中、高中开设劳动课与劳动技术课,强调学生的社会实践活动。

(3) 高校开始采取教学、科研与生产相结合的教育教学模式,按照中共中央《关于教育体制改革的决定》(1985年)、中共中央 国务院印发的《中国教育改革和发展纲要》(1993年)的要求,劳动教育必须与经济建设和科技密切结合,推动社会主义现代化建设。

21世纪以来,教育与生产劳动相结合呈现出了更加鲜明的时代特征。政治、经济和科学技术的快速发展推动了劳动教育实施的新转变,劳动技术教育更加受到重视,成为实施素质教育的关键环节。此时我国出台实施的一系列重大政策和举措,都指向了培养德智体美劳全面发展的社会主义建设者和接班人。国家营造了推进劳动教育顺利实施的教育环境与社会氛围。立足于新时期教育改革的顶层设计,劳动教育获得了更加丰富的内涵并进一步从理念转变为具体行动。

---

[1] 中共中央国务院. 中国教育改革和发展纲要 [EB/OL]. http:// www.moe.edu.cn/jyb_sjzl/moe_177/tnull_2484.html.

### 资料链接

2001 年，国务院出台《关于基础教育改革与发展的决定》，强调必须坚持教育与生产劳动和社会实践相结合，加强劳动教育，培养学生掌握一定的劳动技能。2002 年，江泽民在党的十六大报告中指出："必须尊重劳动、尊重知识、尊重人才、尊重创造，这要作为党和国家的一项重大方针在全社会认真贯彻。"① 尊重劳动被提升到了一个新高度，反映出了劳动的价值、意义和重要性在时代发展中越来越被认可。党的十七大报告重申了贯彻尊重劳动、尊重知识、尊重人才、尊重创造的方针，要求建立健全劳动者就业体系，为劳动教育创造良好的社会环境。2010 年，《国家中长期教育改革和发展规划纲要（2010-2020 年）》出台，进一步强调坚持教育教学与生产劳动、社会实践相结合，加强劳动教育，培养学生热爱劳动、热爱劳动人民的情感，对教育与生产劳动相结合的方针进行了更深入的阐述，并融入了新时期教育改革的思想。

### 3. 劳动教育体系的重建与全面实施（2012 年至今）：彰显新时代的全面育人理念

党的十八大以来，在习近平新时代中国特色社会主义思想的指引下，我国教育改革围绕"培养什么人、怎样培养人、为谁培养人"这一根本问题，不断深化对教育事业发展和人才培养的规律性认识，特别是在促进人的全面发展和推进劳动教育实施方面提出了新理念、新观点。

### 资料链接

党的十八大报告突出强调了营造劳动光荣、创造伟大的社会氛围，加快确立人才优先发展战略布局，推动我国由人才大国迈向人才强国。党的十九大报告指出：我国发展进入了社会主义新时代的历史时期，新时代要建设知识型、技能型、创新型劳动者大军，弘扬劳模精神和工匠精神，营造劳动光荣的社会风尚。此外还提出："要使绝大多数的城乡新增劳动力接受高中阶段教育、更多接受高等教

---

① 党的十六大报告.全面建设小康社会，开创中国特色社会主义事业新局面[EB/OL]. http://www.people.com.cn/GB/paper39/7683/733922.html.

育。"这大大深化和升华了劳动与育人的关系内涵,从全面育人和促进教育公平角度出发,推进了新时代劳动教育的实施。

2018年9月,习近平总书记在全国教育大会上指出,要努力构建德智体美劳全面培养的教育体系,形成更高水平的人才培养体系。要在学生中弘扬劳动精神,教育引导学生崇尚劳动、尊重劳动,懂得劳动最光荣、劳动最崇高、劳动最伟大、劳动最美丽的道理,长大后能够辛勤劳动、诚实劳动、创造性劳动①。这是对马克思主义劳动观全面而深刻的阐释,意味着我国劳动教育的理念与实践升华到了一个全新的高度。

全面加强新时代
大中小学劳动教育

新时代,劳动教育体系得到全新的构建,彰显了新时代"五育并举"、全面育人理念。劳动教育不仅是传授学生劳动的知识与技能,更关涉到价值观的培养问题,是要在整个育人过程中,在学生日常行为习惯的养成中培养劳动意识,以及基本生存能力、责任担当意识,培养国家、民族和社会的有用之才。劳动教育契合了全面育人的教育方针与立德树人的根本任务,既是加快推进教育现代化不可或缺的重要载体,也是决胜全面建成小康社会和社会主义现代化强国的重要支撑。

## 二、我国劳动教育的经验总结

在70多年的沧桑巨变中,劳动教育的新旧形态不断更迭,带来劳动教育内涵及功能全面而深刻的变革。70多年来,劳动教育的实践经验大致可以归纳为劳动教育课程设置、价值倾向及其在教育体系中的地位等方面。

### 1. 在课程设置方面,由单独设科到开设综合实践活动课程

中华人民共和国成立前期推行的基本生产技术教育,使劳动教育在课程设置方面有了最初的探索。20世纪50—60年代,我国采用勤工俭学的方式,对中小学劳动教育进行了更详尽的安排。这一时期以"劳"代"课",体脑结合发生失衡,过度的政治化使学校课程成为负担。改革开放后,国家开设了专门的劳动技术课,

---

① 习近平在全国教育大会上发表重要讲话 [EB/OL]. http://www.xinhuanet.com/politics//2018-09/10/c_1123406247.htm.

并成为学校的必修课程,不仅培养学生的劳动意识,还培养学生的劳动技能。劳动技术课由片面的体力劳动课程正式转变为全面的体脑结合课程,与社会经济建设紧密结合的课程促进了劳动教育与社会建设的彼此促进与提高。进入1993年,劳动教育课程设置形式开始发生转变,21世纪的劳动教育由独立课程转型为综合实践活动课程,劳动教育成为综合实践活动课程众多内容的一方面,劳动教育与其他学科交互影响,但其实践性地位被削弱。在课程设置上,我国逐渐突破学习苏联、日本等国家的局限,扩展国际视野,借鉴德国劳动教育涉及众多领域的综合模式、美国劳动课程贯穿学校和家庭生活的培养方式,逐步建立了劳动教育本土化的培养模式。

### 2. 在价值倾向方面,从注重工具性价值到关注人文性价值

当代劳动教育对于个体而言不仅具有工具性的外在价值,更具有存在性的内在价值[①]。从中华人民共和国成立到"文革"时期,劳动教育更多地被看作国家建设的工具,侧重关注体力劳动与生产劳动技能的学习;改革开放后,随着社会的现代化建设步伐加快,国人对于劳动教育的观点也愈加现代化,"体脑结合"思想被提出,人们对劳动教育的认识不再囿于体力劳动的工具,劳动教育内在的人文性价值被挖掘,人们开始关注劳动教育的价值引领功能,将其作为社会价值观建设的一部分,推动劳动教育和德育、美育等深入地相互渗透与融合。劳动教育成为人文素质教育的重要组成部分。劳动教育的人文性价值凸显,也有利于在全社会形成崇尚劳动、热爱劳动的良好风气,促进劳动观念与劳动意识日益健全。特别是在21世纪初《国务院关于基础教育改革与发展的决定》颁布之后,劳动教育内在人文性价值被逐渐重视起来。

### 3. 在教育体系中的地位方面,从"三育"到"五育"的演进

我国改革开放前一直提倡德智体"三育",至1987年才在国家政策层面提出开设劳动技术课,培养德智体美劳"五育"人才,将"三育"扩充为"五育",这是我国教育的一大革新,标志着学校教育开始关注审美素养与劳动能力的提高。1993年《中国教育改革和发展纲要》印发后,劳动教育被列入德育,"四育"的

---

① 班建武. "新"劳动教育的内涵特征与实践路径[J]. 教育研究,2019(1):21-26.

提法一度盛行。直至 2012 年后，习近平总书记多次强调在全社会开展劳动教育的重要性，将"劳"纳入教育方针再次提上日程。劳动教育与其他"四育"的关系不断演变，证明了国家不同时期对劳动教育的理解与态度，取决于不同时期国家建设任务对劳动教育的要求，也体现着国家对于教育全面发展的理解与落实。"五育"的关系由割裂走向融合发展，是素质教育在国内实践性推行的重要环节，也蕴含着劳动教育具有引领性优势。

未来，国家将更加重视劳动教育对国家战略发展的重要意义，确立劳动教育的学科地位且重视劳动教育学科体系建设，加强各育之间的相互渗透与融合发展，加强与完善劳动教育的落实机制，推动劳动教育历史与未来的接轨、观念和制度的协调，实现劳动技能和品德的共同跨越。

 拓展平台

### 1. 课程实践

**讲述故事：第三套人民币图案中的劳动人物**

第三套人民币是目前各套人民币中流通时间最长的一套人民币，从 1962 年 4 月 20 日发行 1960 年版枣红色 1 角券开始到 2000 年全面退出流通，共经历了 38 个年头，影响了几代人的工作和生活。这套人民币发行于 20 世纪 60 年代初，我国刚刚经历了三年经济困难时期，中国人民发扬艰苦奋斗的精神，通过共同努力、勤奋劳动，迅速使国民经济走上了恢复发展的道路。第三套人民币见证了中国人民的艰辛与努力，承载着许多普通中国老百姓刻骨铭心的记忆。该套人民币图案精美，主题思想鲜明，其设计中有不少体现劳动场景的图案，反映了当时民众崇尚劳动、热爱劳动的朴素思想。人民币图案中的劳动人物背后也隐藏着许多不为人知的动人故事。请赏析第三套人民币图案，在感受 20 世纪 60 年代国人高涨劳动热情的同时，收集其中人物的劳动故事，并与大家分享。

5 角券正面为纺织厂生产图；背面图案为国徽、棉花和梅花；主色为青莲色。

1元券正面为女拖拉机手图,象征农业为基础;背面图案为国徽、放牧图,象征发展畜牧业;主色为深红色。

2元券正面为车床工人图,俗称"车工",象征工业为主导;背面图案为国徽、石油矿井,象征发展能源工业;主色为深绿色。

5元券正面为炼钢工人图,俗称"炼钢五元",象征工业"以钢为纲";背面图案为国徽、露天煤矿,象征发展能源工业;主色为深棕色。

## 2. 阅读思考

【背景链接】

劳动教育的意义

2018年9月，习近平总书记在全国教育大会上明确提出"要在学生中弘扬劳动精神，教育引导学生崇尚劳动、尊重劳动，懂得劳动最光荣、劳动最崇高、劳动最伟大、劳动最美丽的道理，长大后能够辛勤劳动、诚实劳动、创造性劳动"，这对劳动教育提出了新的更高要求。

武汉生物工程学院新设立了一个"勤劳奖学金"，这项奖励旨在引导和鼓励家庭条件好的学生和来自贫困家庭的同学一样"晨兴夜寐、俭以养德"，通过参加勤工助学活动获得更全面的自我成长。

【提出观点】

劳动是促进社会发展之动力。劳动是人成长所需之课堂。

我国古人既有"一屋不扫，何以扫天下"之问，也有"一室之不治，何以天下家国为"之训。中华民族有热爱劳动、尊崇劳动、勤奋劳动之优良传统。毫不夸张地说，正是在一代代劳动者的共同努力下，才创造了中华民族辉煌的历史，书写了伟大祖国灿烂的篇章。

劳动教育能为孩子的幸福人生奠基是现代教育的主旨之一。习近平总书记说："生活靠劳动创造，人生也靠劳动创造"，劳动教育是提高学生综合素质、成就幸福圆满人生的有效途径。教育家马卡连柯曾指出，"劳动永远是人类生活的基础，是创造人类文化幸福的基础"。劳动教育通过以劳树德、以劳增智、以劳强体、以劳育美,为成就青少年学生的幸福人生奠定坚实基础。

以劳树德。劳动教育对于立德树人,促进学生全面发展具有不可替代的作用。劳动教育可以促进学生形成勤俭节约、踏实肯干、意志坚定、团结协作的优良品质,使之成为有大爱大德大情怀的人。品德修养不是一蹴而就的事,需要在长期的社会实践中、在日常生活的点点滴滴中踏踏实实地磨炼达成。劳动教育对于青少年践行社会主义核心价值观、传承中华优秀传统文化、实现中华民族伟大复兴的中国梦具有重要意义。

以劳增智。劳动是创造的基础。学生在劳动中既要动手又要动脑,是一种创造性活动。例如:芬兰非常重视青少年的劳动教育,让其做成一件产品,如小板凳、小书架,自己设计、自己制作,在老师的帮助下克服困难,这就培养了他们的创造意识和精神。其目的是在劳动教育中培养学生的创新思维和创造能力。可见,劳动教育不仅能培养学生的生活技能,而且能促进人的体力发展和智力发展,培养学生的创新精神和实践能力,养成尊重劳动的习惯。

以劳强体。在营养良好的情况下,劳动能促进骨骼、肌肉的发育。劳动在培养完美体魄上所起的作用,同运动一样重要。许多劳动能显示体力与技能技巧多种多样的结合。苏霍姆林斯基认为:劳动不仅使人心地正直,而且使人身强体壮。

以劳育美。劳动教育有利于加强和改进学校美育,形成以劳育美、以美育人、以文化人的育人模式,促进学生树立"劳动最光荣、劳动最崇高、劳动最伟大、劳动最美丽"的劳动审美观,让青少年学生在劳动创造中形成发现美、体验美、鉴赏美、创造美的意识和能力,从而提高学生的审美能力和人文素养。

**随手笔记**

理论篇

第三章

# 时代呼唤：
## 新时代高职院校劳动教育的使命及重点

**劳动**的崇高道德意义还在于，一个人能在劳动的物质成果中体现他的智慧、技艺、对事业的无私热爱和把自己的经验传授给同志的志愿。

——苏霍姆林斯基

## 教学目标

- ☑ 了解新时代高职院校劳动教育的使命。
- ☑ 把握新时代高职院校劳动教育的重点。
- ☑ 帮助学生树立劳动精神，锤炼工匠精神，传承劳模精神。

## 知识导图

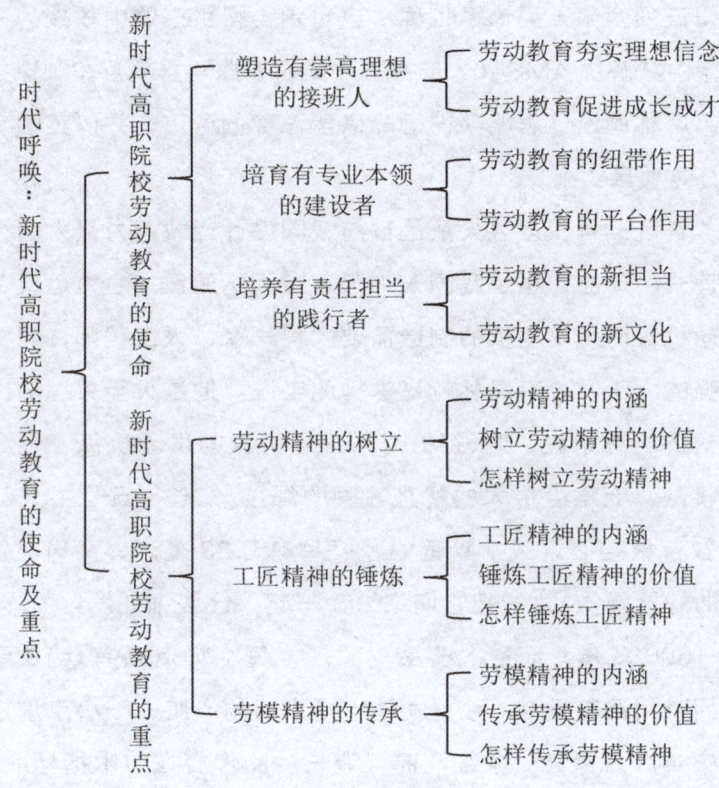

## 知识标签

劳动精神、工匠精神、劳模精神

 **情景导入**

### 大任担当——高凤林，火箭发动机焊接的中国第一人①

高凤林，胸怀梦想，心平手稳，焊接飞天神箭；工匠担当，兼济天下，奉献国家建设。我国长三甲系列运载火箭、长征五号运载火箭的氢氧发动机喷管都在他手中诞生。他先后为90多发火箭焊接过"心脏"，攻克了航天焊接200多项难关；2014年，在德国纽伦堡国际发明展上，作为来自中国的技术工人的他同时获得三项金奖，震惊了世界；诺贝尔奖得主丁肇中教授的秘书曾找到高凤林，希望由其解决 AMS-02 暗物质与反物质探测器项目在制造中遇到的一个大难题。高凤林的设计思路获得国际联盟总部的评审，并以美国宇航局特派专家的身份督导项目实施。

新一代"长征五号"运载火箭是目前我国设计运载能力最大的火箭，是我国火箭里程碑式的产品，也是我国未来天宫空间站建设的主力运载工具。大火箭需要大发动机，而大发动机的制造需要大科学家、大工程师，同样也需要一线动手能力强的大工匠，高凤林就是这样的工匠。他是火箭关键部位焊接的中国第一人。对高凤林来说，"长征五号"大运力火箭发动机每一个焊接点都是一次全新的挑战，而难度最大的就是喷管的焊接。"长征五号"火箭发动机的喷管上，有数百根空心管线，管壁的厚度只有0.33毫米，高凤林需要通过3万多次精密的焊接操作，才能把它们编织在一起。这些细如发丝的焊缝加起来，长度达到了1600多米。而最"要命"的是，每个焊点只有0.16毫米宽，完成焊接允许的时间误差是0.1秒。发动机是火箭的心脏，一小点焊接瑕疵都可能导致一场灾难。为保证一条细窄而"漫长"的焊缝在技术指标上首尾一致，整个操作过程中高凤林必须发力精准，心平手稳，保持住焊条与母件的恰当角度，这样才能让焊液在焊缝里均匀分布，不出现气孔沙眼。在国际上，火箭发动机头部稳定装置连接的最佳方案是采用胶粘技术。但这种技术会产生老化，因此高凤林选择了用焊接的方式来解决这一难题。发动机头部稳定装置的焊接必须一次成功，高凤林的技艺和他研制的焊丝决定着焊接的成败。由于铜合金

---

① 央视纪录片《大国工匠》，2018年，有删改。

的熔点较低，高凤林必须将焊接停留的时间从 0.1 秒缩短到 0.01 秒，如果有一点焊漏就会造成稳定装置的失效。最终，高凤林还是成功地解决了这一焊接难题。

## 第一节 新时代高职院校劳动教育的使命

高职院校是培养面向生产、建设、管理、服务一线的"下得去、用得上、留得住"的高素质劳动者和技术技能型人才的重要载体。进入新时代，随着产业升级和经济结构调整不断加快，各行各业对高素质技术技能人才的需求越来越紧迫，职业教育的重要地位和作用越来越凸显，高职院校作为我国职业教育的重要组成部分，其肩负的培养社会主义建设者、接班人的重要任务也比以往任何时候都更加艰巨。加强劳动教育，培养高素质劳动者和技术技能人才，提供优质人才资源支撑，是新时代赋予高职院校的重要历史使命。

### 一、塑造有崇高理想的接班人

中共中央、国务院印发的《关于全面加强新时代大中小学劳动教育的意见》对新时代劳动教育做了全面部署，明确指出"劳动教育是国民教育体系的重要内容，是学生成长的必要途径，具有树德、增智、强体、育美的综合育人价值"。将"树德"摆在综合育人价值的首位，对立德树人的新时代人才培养观具有重要支撑作用。

## （一）劳动教育夯实理想信念

理想信念是一个人精神世界的核心，是指导前行方向的罗盘，是勇往直前的动力。劳动教育的"树德"，首先就表现在它具有夯实理想信念的重要作用。高职学生正处于人生成长的关键时期，如要把人生的理想变成现实，则必须树立劳动是实现个人梦想的必要手段的正确价值观，不仅要注重自身日常生活起居、社会公益服务的劳动，树立劳动自立意识和主动服务他人、服务社会的情怀，更要结合学科和专业，积极开展实习实训、专业服务、社会实践、勤工助学和创造性劳动等，增强诚实劳动意识，积累职业经验，提升就业创业能力；树立正确择业观，具有到艰苦地区和行业工作的奋斗精神，懂得实干兴邦的深刻道理。因此，高职学生只有刻苦钻研、辛勤付出，才能实现个人的理想，继而为实现中华民族伟大复兴的中国梦提供牢固的现实基础。实践证明，生活的美好，社会的进步，无不源于一代代人平凡艰辛的劳动创造。劳动教育能让人在实践中收获技能、经验和能力，能让人懂得感恩、学会关爱和珍惜生活。

## （二）劳动教育促进成长成才

高职教育人才培养目标决定了高职毕业生必须有一技之长，做到"手脑并用、双手万能"，而劳动教育是学生成长成才的重要途径。通过劳动教育，以诚实劳动立身，将责任意识和品牌意识融入学生血液，经过思想和行为上的磨炼，形成对工作负责、对家庭负责、对社会负责的责任感。通过劳动教育，树立创新意识，在对劳动工具的改进、劳动组织的优化、技能技术在传统劳动中的运用等，潜移默化地培养学生创新精神和创业热情。古往今来，热衷于创新和发明的工匠们一直是生产和社会进步的重要推动力量。例如汉唐以来的耕犁、龙骨水车、水磨；木工祖师鲁班在劳动中发明了伞、锯子、曲尺、墨斗；桥梁专家李春建造了敞肩圆弧拱形的赵州桥；"火药微雕"徐立平、"蛟龙两丝"顾秋亮等一大批大国工匠，助力中华民族九天揽月、深海探龙。中华儿女历来有崇尚劳动的优良传统。加强劳动教育，改变学生轻视劳动、不会劳动的现状，促进学生的成长成才，使其成为有责任有担当的

劳动教育促进成长成才

新时代大学生是高职院校的重要职责所在。

## 二、培育有专业本领的建设者

职业教育是类型教育，高职院校与普通本科院校相比，更加重视学生动手能力的培养。强化学生的专业技能培养，是高职院校办出特色并得到企业和社会认可的最主要的因素。把发展高等职业教育作为优化高等教育结构和培养大国工匠、能工巧匠的重要方式，使城乡新增劳动力更多地接受高等教育，这是全国教育大会对职业教育提出的新要求。

### （一）劳动教育的纽带作用

高职教育以培养新生代大国工匠、能工巧匠为主要任务，要完成这一艰巨任务必须发挥自身优势，广泛开展职业教育和劳动教育，注重学生专业技能和创新能力的培养。劳动生活和劳动实践不仅可以让高职学生把专业理论知识内化为个体的认知，懂得"纸上得来终觉浅、绝知此事要躬行"的真谛，还可以利用劳动实践中所获得的感性知识，进一步加深对所学专业知识的理解，开阔视野，培养创新意识，激发学习热情、创新精神，提升自身在具体情境中创造性分析问题、解决问题的能力。特别是在专业实训、顶岗实习、毕业实习等教学环节中充分挖掘劳动教育元素，实施劳动教育。针对专业技能和创新创业能力的培养，修订人才培养方案，明确培养目标，从教学设计、教学实施到教学考评，全程注入劳动教育和创新创业元素，培养积极向上的就业创业观、锐意进取的创新意识和扎实的专业技能，引导学生自主劳动、创造性劳动，提高劳动的创新价值。对于这些，劳动教育都起着承接专业理论知识与客观生产实践联系的纽带作用。

### （二）劳动教育的平台作用

劳动教育的育人功能具有综合性、整体性和统摄性。劳动教育不仅为德育服务，而且为智、体、美等其他方面育人提供了实践平台。劳动作为身心合一、体脑并用的社会性主体实践，是学生道德培育发展的沃土，又是智力发育提升的温床，体魄铸就强壮的双翼，审美熏陶升华的双眸，劳动不但直接决定社会主义建设者和接班人的劳动精神面貌、劳动价值取向，更是劳动技能提升和专业本领掌握的重要载体和实践准备。高职院校以培养高素质技术技能型劳动者为己任，必然注重在专业技能的培养中融入劳动教育的元素，并在德育、智育、体育、美育相互协同中合力塑造人才。高职院校开展劳动教育，使学生在劳动实践的潜移默化中，道德得以升华、灵魂得以净化、心灵得以滋养、智力得以提高、体魄得以强健、审美得以跃迁，从而实现全面而自由的发展。

## 三、培养有责任担当的践行者

各行各业的实践表明，只有那些热爱本职工作、脚踏实地、兢兢业业、尽职尽责、实干苦干、有强烈使命担当和责任意识并坚持到最后的践行者，才能成就一番事业。

### （一）劳动教育的新担当

劳动是职业的内涵。劳，本指创造物质或精神财富的活动，是需要"用力用心"的活动[①]。劳动需要付诸行动，劳动之后还需要产生成果；劳动是能实现自我价值的行为，而不是单纯的对于财富或物质的获取；劳动教育不是摆摆形式，而是要通过劳动教育，养成良好的劳动习惯和品质。高职教育就是要让学生通过主动的学习、训练，来获得某种职业或生产劳动所需要的专业知识、专门技能和基本职业道德素养，是为未来的劳动做准备，同时促进学生在"职业劳动"的实践训练过程中逐渐成长。"工学结合、顶岗实习"是高职劳动教育的基本形式，"校企合作"是高职劳动教育的实践载体，"现代学徒制"是高职劳动教育实践的有效途径，"做中学"是高职劳动教育习惯养成和心理意识积淀的过程化培育。高职教育的特性，决定了高职院校的劳动教育必须具有高素质和高技能的要求。劳动的性质不分等级，但技能有高低，高职院校劳动教育就是要培养新生代行业师傅、大国工匠、能工巧匠，培养一大批有理想、有担当、有情怀、有作为的技能大师，以服务新基建、打造新动能。

劳动教育的新担当

---

① 郭薇. 新时代劳动教育的新担当 新要求 新使命[N]. 中国教育报，2020-06-30.

## （二）劳动教育的新文化

高职教育已经步入以内涵发展、特色发展为中心的时代，立足实际，打造劳动文化特色也应成为高职教育发展的重要目标之一。因此，高职院校要打造劳动文化特色，必须结合高职教育的特点，创建多维度校园劳动文化：

（1）在学生日常学习、生活和实践中，时时渗透"责任担当"的劳动教育。如组织学生开展劳动周、劳动日活动，参加文明校园、绿色校园建设；倡导学生自治，参与食堂、舍务管理；引导学生参加"三下乡""志愿服务"以及劳动社团活动等。

（2）结合专业特点开展具有专业技能特色的实践活动，通过专业技能考级考证、专业技能大赛，对学生进行劳动技能、职业精神和职业道德等鲜活的劳动教育，把劳动教育融入课堂，融入专业技能培养，融入校园特色文化构建的大框架之中。

（3）调动学工、团委、教学、管理、科研、后勤等不同岗位的教职工，积极参与劳动教育，构建育人统一战线，以身示范传递职业精神，培养学生劳动意识和责任担当，并在增强学生劳动教育体验、寓教育于劳动实践中，不断总结和提升高职院校劳动教育特色和文化内涵。

## 第二节　新时代高职院校劳动教育的重点

中共中央 国务院《关于全面加强新时代大中小学劳动教育的意见》明确规定，职业院校必须设置劳动教育必修课程，其中劳动精神、工匠精神、劳模精神专题教育不少于16学时。劳动精神、工匠精神、劳模精神是广大劳动群众在从事社会生产劳动实践中锤炼形成的，是工人阶级和广大劳动群众弥足珍贵的精神财富，是新时代高职院校劳动教育的重点和关键所在。本节将分别对劳动精神、工匠精神和劳模精神的内涵、价值进行介绍，并就高职学生如何树立劳动精神、锤炼工匠精神和传承劳模精神提供建设性意见。

### 一、劳动精神的树立

劳动精神是社会主义核心价值观的内容之一，与工匠精神、劳模精神相互包容。践行社会主义核心价值观，要求实践爱国、敬业、诚信、友善的个人行为准

则，而敬业就是对劳动的尊重、崇尚和热爱，就是要求做到辛勤劳动、诚实劳动、创造性劳动，这与劳动精神高度一致。随着传统社会向现代社会发展，劳动教育中"劳动性"日益弱化，即由学徒教育到学校的学生教育，由谋生技能的拜师学艺，到组织化、规范化的职前准备教育，功能的演化决定了现代劳动教育的性质变化。因此，劳动教育的指向首先是劳动精神的培养，然后才是劳动技能的习得。

### （一）劳动精神的内涵

劳动精神是指人们对劳动热爱的态度以及劳动者在劳动过程中体现出来的积极人格气质。新时代劳动精神根植于人类优秀的传统劳动文化和劳动理论之中，又是对劳动者生产劳动实践所作出的高度凝炼和概括，是历史与现实、理论与实践相结合的产物。劳动精神是包含劳动理念认知和劳动行为实践的集中统一[①]。

#### 1. 理念认知层面的劳动精神

从理念认知层面看，劳动精神包含了尊重劳动、崇尚劳动和热爱劳动三个方面。

（1）尊重劳动。劳动精神首先表现为对一切以人民为中心、服务于人民和造福社会的劳动者及其劳动的尊重。

（2）崇尚劳动。劳动无贵贱之分，无论是体力劳动还是脑力劳动，只要劳动者肯学肯钻研，练就一身本领，掌握一手好技术，就能立足岗位成长成才，劳动便是高尚的、光荣的、美丽的。由此，劳动精神就表现为崇尚劳动和平等对待劳动价值的积极态度。

（3）热爱劳动。中华民族是热爱劳动的民族，中国创造的几千年辉煌的历史和灿烂的文化散发着劳动人民投身于劳动的积极热情。因此，劳动精神又表现为劳动者热爱劳动、珍惜劳动成果的情感投入，以及自觉地将个人价值的实现与劳动的奉献紧密融合的精神。

---

① 黄黎明，王永秋. 新时代培养和塑造高职学生劳动精神的思考 [J]. 贵阳学院学报（社会科学版），2019（2）：28-32.

## 2. 行为实践层面的劳动精神

从行为实践层面看，劳动精神作为人类的文化产品，它的形成不是无源之水、无本之木，而是依附于人类的生产实践。因此，劳动精神又包含了辛勤劳动、诚实劳动和创造性劳动三个方面。

（1）辛勤劳动。新时代坚持和发展中国特色社会主义，实现中华民族伟大复兴的中国梦，要靠各行各业人们的辛勤劳动。依靠勤劳，我们实现了中国迅速发展的目标，也只有依靠勤劳，才能屹立于世界民族之林。劳动精神由此表现为认同辛勤劳动、自觉践行辛勤劳动、反对好逸恶劳的荣辱精神。

（2）诚实劳动。劳动是否有价值和意义关乎着劳动是否关注生命和讲求伦理底线问题，无论付出多少艰辛，如果劳动是不诚实的，必然造成巨大的社会危害。因此，劳动精神应包含倡导实现人生梦想、改变自己命运的诚实劳动。

（3）创造性劳动。在世界创新驱动发展的时代背景下，劳动者素质对一个国家、一个民族发展的重要性越发凸显。一切墨守成规、因循守旧的高投入低效率劳动，都将成为我国经济转型发展的重大阻碍。因此，劳动精神更表现为敢于创新、勇于创新的创新性劳动。

## （二）树立劳动精神的价值

人类社会在发展过程中，所缔造的一切进步成果，都离不开人的劳动。人类通过劳动不仅获得自我生产所必需的物质生活资料，同时也发现了隐藏于事物中的内在规律，通过劳动再创灵感，不断认识、把握规律，创造新的价值，为人类造福。事实上，劳动创造价值的意义远超出了劳动本身所创造的价值。

### 1. 树立劳动精神是实施德育教育的有效途径

马克思主义劳动观反复强调，劳动创造世界、劳动创造历史、劳动创造人本身，劳动是人类的本质特征和存在方式，是实现人全面发展的重要途径。苏霍姆林斯基说："我们是紧密联系德育、智育、美育来看待劳动教育的。"树立劳动精神不仅可以培养学生热爱劳动、尊重劳动人民的品质，乐观向上、克服困难的善良品性，以及自尊心、自信心和自豪感；也可以培养学生集体主义精神，弘扬艰苦奋斗的优良传统，树立正确的世界观、人生观和价值观。同时，树立劳动精神也是贯彻党的教育方针的基本要求，是实施素质教育的重要内容，是培育和践行社会主义核心价值观的重要途径。

**2. 树立劳动精神是学生健康成长的内在需要**

高职院校学生大多处于十七八岁至二十一二岁的成长阶段，正是世界观、人生观、价值观形成的重要时期。树立劳动精神有助于高职学生自我管理、自我约束能力的提高。新时代的劳动观，不能只把体力劳动、简单劳动看成劳动，而是要把脑力劳动与体力劳动、群体劳动和个体劳动、有偿劳动和公益劳动等都看成劳动。劳动既提高了学生的实践能力，又发掘了学生潜力，发展了学生的个性，培养了学生的创造能力，这对学生的成长成才不可或缺。未来社会更是一个创新型社会，它需要每个人都具有创新意识、创新思维、创新能力和创新人格，而这些优秀品质的培养都必须通过劳动来实现。因此，加强劳动观教育，树立劳动精神，让学生习惯劳动、懂得劳动、热爱劳动，对高职学生来说终身受益，是他们健康成长的内在需要。

**3. 树立劳动精神是学生走向社会的必要准备**

高职院校作为培养高素质劳动者的重要场所，必须注重学生综合职业能力的培养。高职学生的综合职业能力不仅包括专业能力，还包括了方法能力和社会能力。社会发展表明：劳动规模越大，劳动对象越多样，劳动过程越复杂，对劳动者的素质和能力要求就越高、越全面，需要造就出全面、自由且充分发展的人。因此，高职院校加强劳动教育、树立学生的劳动精神、提升学生的综合职业能力，是高职学生适应社会需求、贴近岗位、顺利步入社会的必要条件。

**（三）怎样树立劳动精神**

新时代劳动精神是引领劳动实践的精神高地，在学生中树立劳动精神，教育引导学生崇尚劳动、尊重劳动，懂得劳动最光荣、劳动最崇高、劳动最伟大、劳动最美丽的道理，长大后能够辛勤劳动、诚实劳动、创造性劳动，这正是劳动精神在劳动的理念认知和行为实践的集中体现。

怎样树立劳动精神

**1. 提高认识，尊重劳动、崇尚劳动、热爱劳动**

尊重劳动、崇尚劳动、热爱劳动这三个层面涉及对劳动的理性认知、感性把握和内在情感，是对劳动共通的从社会认识到个人品行追求由表及里、逐步内化的过程。尊重劳动是指对劳动的认识，把劳动作为人类的本质活动，作为创造财富和获得幸福的源泉，尊重一切有益于人民、造福于社会的劳动者及其劳动价值。崇尚劳动是指对劳动的态度，认为劳动价值有大小，劳动分工无贵贱，劳动最光荣、劳动最崇高、劳动最伟大、劳动最美丽。热爱劳动是指对劳动充满感情，焕发劳动热情，积极投身劳动，珍惜劳动成果，把劳动与实现自身价值紧密结合起来。在实现中华民族伟大复兴的征途上，坚定事不避难、义不逃责的决心和弘扬以身许国、无私奉献的精神。例如钱学森、邓稼先等"两弹一星"元勋秉持科技报国、以身许国情怀，西安交通大学"西迁人"等老一辈知识分子"党让我们去哪里，我们背上行囊就去哪里"的奉献精神。要树立劳动精神，就要自觉加强革命传统、爱国奉献教育，弘扬革命精神、传承红色基因，形成好思想、好品行、好习惯，扣好人生第一粒扣子，树立尊重劳动、崇尚劳动、热爱劳动的甘于奉献精神。

**2. 勤于实践，辛勤劳动、诚实劳动、创造性劳动**

随着社会发展和科技进步，资本、知识、技术的力量凸显，人们对劳动的理解发生了很大变化，有人忽视劳动的价值，低估劳动者的作用，急功近利、心态浮躁，期望走捷径、一夜暴富。事实证明，无论劳动的具体形态、劳动与其他生产要素之间的关系怎样变化，劳动是唯一价值源泉这一点始终都不会改变。辛勤劳动、勤奋敬业、埋头苦干，是劳动者应有的基本要求，是诚实劳动、创造性劳动的基础和保障。诚实劳动是指脚踏实地、恪尽职守，遵守法律法规和政策，遵循职业道德规范和工作标准，实事求是地认识和对待劳动过程和劳动成果，是辛勤劳动的升华，也是创造性劳动的前提。创造性劳动是指敢闯敢试、开拓创新，体现了体力劳动和脑力劳动、简单劳动和复杂劳动的结合，是辛勤劳动、诚实劳动的发展。高职院校开设的劳动实践课、专业实训课和技能培训课等都是在校学生很好的实践平台。要树立劳动精神，就要自觉在劳动实践中养成良好的劳动习惯，增强技能本领，树立爱岗敬业的劳动态度，培养精益求精、勇于创新的劳动品质等，在收获劳动成果的同时体会劳动精神的力量，更坚定践行新时代劳动精神的信心。

 资料链接

### 毛泽东率全体中央委员参加劳动[①]

　　1958年5月25日，中共八届五中全会在北京召开。25日下午，毛泽东、周恩来、刘少奇、朱德等及全体中央委员到十三陵水库工地参加义务劳动。

　　毛泽东、周恩来、刘少奇、朱德等老一辈党和国家领导人曾亲自领导并参加十三陵水库建设。十三陵水库最终用5个月时间建成，在当时堪称奇迹。

　　据当年的工作人员回忆，毛泽东率领全体中央委员到工地参加劳动这个消息最初是保密的。直到当天下午2点左右，才由指挥部宣传处处长宣布了这条消息。下午3点，工程指挥部院内开来6辆车。当毛泽东下车后，突然有人喊："毛主席万岁！"人们从四面八方很快围拢过来。随毛泽东下车的有周恩来、刘少奇、邓小平等。他们在工程负责人杨成武、赵凡、罗文坊等的引导下，首先来到指挥部一座普通的木板工棚里听取总工程师纪常伦介绍水库建设的工程方案及进度情况，观看十三陵水库模型沙盘。时值初夏，天气燥热，低矮的工棚挤进很多人，大家头上都冒了汗。毛泽东、周恩来坐在用木板钉的凳子上认真地听取汇报。工程指挥部宣传处负责人请示杨成武，想请毛泽东等中央领导同志题词。毛泽东欣然命笔，连写五六幅，并从中选择了最满意的一幅"十三陵水库"。刘少奇题词"劳动万岁"；周恩来题词"鼓足干劲，力争上游，多快好省地建设社会主义"；朱德题词"移山造海，众志成城"。

　　下午5点35分，风沙扑面，天气闷热，全体中央委员以普通劳动者的身份，参加水库大坝的劳动。毛泽东奋力挥锹，一锹一锹地把土装进筐里。刘少奇参加了砸夯，周恩来拉车运土，朱德挑担。70多岁的朱德已是第二次到十三陵水库工地。1958年春节期间，朱德曾到工地视察，勉励大家说："这么大的工程，你们要努力！努力！再努力！"

　　据当年5月26日的《人民日报》报道，来水库工地参加劳动的还有董必武、

---

[①] 史义军，徐连英. 1958年中央领导参加十三陵水库建设纪事. 中国共产党新闻网.

彭德怀、贺龙、李先念、乌兰夫、薄一波、吴玉章、徐特立、谢觉哉等。

党和国家领导人参加水库工地劳动，极大地鼓舞了 10 万建设大军，当日上坝土方量达到 5.1 万立方米，创下施工以来的日最高纪录。

毛泽东、周恩来、刘少奇、朱德等到十三陵水库工地参加劳动的消息轰动了北京乃至全国。社会各界把能到十三陵水库工地参加义务劳动视为一种荣誉。很多人未经安排就自备工具去工地参加劳动。就连中国佛教协会的几十名僧人也主动联系，要到工地参加劳动。文艺界人士不甘落后，所有在京的文艺团体都到过工地，边劳动边演出。经过 160 个日日夜夜的艰苦奋战，东起蟒山，西到汗包山，长 627 米、高 29 米的水库大坝终于建成，7 月 1 日，举行了十三陵水库落成典礼。

十三陵水库修建过程中，近 40 万人参加了义务劳动。其中解放军驻京部队官兵 11.5 万人，国家机关干部 8.6 万人，昌平和其他区县农民 2.2 万人，中等以上学校师生 10.1 万人，商业工作者 1.4 万人，技术工人 2400 余人和在京的各国驻华外交使节、国际友人及其他人员 5 万余人。在水库建设的那些日子里，领袖与人民水乳交融，体现了艰苦奋斗、众志成城的民族精神和人民群众建设社会主义的巨大热情，为后人留下了一笔宝贵的精神财富。

## 二、工匠精神的锤炼

工匠精神体现劳动者钻研技能、精益求精、敬业担当的职业精神，是对劳动精神的锤炼提升。如果说劳动精神面向广大劳动者，劳模精神面向劳模群体，那么工匠精神更多的是面向有一技之长的产业工人。党的十九大报告提出，贯彻新发展理念，建设现代经济体系要"建设知识型、技能型、创新型劳动者大军，弘扬劳模精神和工匠精神，营造劳动光荣的社会风尚和精益求精的敬业风气"。

### （一）工匠精神的内涵

追本溯源，"工匠"最初是指从事手工业制造的一类群体，后来逐渐演变成技艺卓越、德艺双馨、知行合一的专业人员。在当下中国，重新挖掘"工匠精神"的内涵，不仅是顺应当今要求人才向"职业化、专业化、精细化"转向的趋势，而且也是培养社会经济发展需要的大批具有"工匠"精神与能力的人才的迫切要求。概而言之,"工匠精神"是对产品精雕细琢、精益求精、追求卓越,并不断创新的精神理念。其核心在于,不仅把工作当作谋生的手段,而且树立对工作的敬畏、对事业的专注、对责任的担当、对质量的执着、对完美的追求,并将这些品质内化于心外化于行[①]。

### (二)锤炼工匠精神的价值

工匠精神是职业精神教育最高目标。从业人员不断雕琢产品、改善工艺或提升服务或管理质量,是一种行为表现和职业价值取向,也是对职业的一种态度和精神理念,核心是对工作品质的不懈追求。面对国内经济发展新态势,产业转型升级、结构调整优化,区域经济与产业经济发展布局的新机遇,企业在用人上除重视职业技能之外,更看重毕业生的敬业精神和职业态度。将工匠精神深度融入高职院校人才培养全过程,对强化高职学生工匠精神锤炼,满足国内现阶段经济转型升级的需要,促进高职学生自身的发展都具有重要的价值。

#### 1. 锤炼工匠精神是学生自身发展的需要

当前,就业形势日益严峻,高职学生不仅要努力学习,不断提高自身的专业技能,增强自身适应社会的能力,更需要培养自己的职业精神。近现代机器大工业生产的普及以及当代智能生产的升级并未使以手工业为代表的"工匠精神"退出历史舞台。相反,在个性化生产、"中国智造"等产业变革大背景下,"工匠精神"越来越成为主导产业转型升级的重要精神指针。在经历了三十多年"中国制造"的辉煌时代后,现代产业开始朝向绿色环保、高附加值、智能生产、全产业联动的方向发展。这种产业发展理念的转型带来的是"人"这一要素在生产与服务环节中的重要性的进一步提升。一方面,应对瞬息万变的工作世界离不开稳定的工作品质的支持;另一方面,"以不变应万变"的生存法则与"对

---

① 刘宝民. 落实立德树人的根本任务 培育"劳模精神和工匠精神"[J]. 中国职业技术教育,2017(34):18-20.

高品质不懈追求"的内在素质需要扎实的工作技能与学习能力做支撑。这就需要迸发出从业者作为"现代工匠"的无限潜能，并彰显现代产业发展的基本特点与优势。因此，在日益激烈的市场竞争中，从业人员的职业精神越来越重要。能否具有较高专业技能水平、较强职业精神已成为高职学生未来立足职场的基本条件。

### 2. 锤炼工匠精神是国家和社会发展的需要

当前，随着我国经济发展水平的提高，人口红利消失，环境成本加大，印度、越南等东南亚国家的低成本优势明显。同时，英国、德国等发达国家提出"2050战略""工业4.0"等战略，使我国制造业面临严峻挑战，产业转型升级已经刻不容缓。中华民族实现伟大复兴的中国梦与先进、高端、精密的制造业息息相关，没有有竞争力的高端制造业的支撑，中国制造业难以脱颖而出；没有对工匠精神的追求，中国制造业的产业升级难以为继。《中国制造2025》为制造业转型升级指出了方向，而发扬现代工匠精神，集中资源，提升产品质量则是制造业转型升级成功的关键。"工匠精神"是推动我国制造业向中高端迈进的内生动力，必须培育受教育者的"工匠精神"，使广大劳动者以注重细节、追求品质、精益求精的精神从事制造业生产活动，打造出更多的民族精品、民族品牌。高职院校肩负培养高素质技术技能人才的重要任务，将工匠精神的培育融入人才培养全过程，不断加强对学生工匠精神的锤炼，可造就一大批社会主义的建设者，为推动我国产业的转型升级、经济高质量发展提供人力资源支撑。

### （三）怎样锤炼工匠精神

与全球领先的制造国家相比，中国不缺技术，也不缺工人，而是缺少具备"工匠精神"的高素质技术技能人才。高职学生要明确自己学习的主要任务，依托高职院校全方位育人平台，把工匠精神的锤炼贯穿在自身整个学习的过程中，切实肩负起中华民族伟大复兴的历史使命，承担起新时代中国特色社会主义事业建设的重要责任。

怎样锤炼工匠精神

### 1. 提升职业理想认识，克服功利职业态度

任何一项事业都离不开理想信念的引领，不然这项事业就失去了前进的方

向。每个人职业理想都应建立在自身创造性劳动的基础上，同时，每个个体都是国家、社会这个大群体里的一分子，自身的职业理想只有同国家的前途、民族的命运相结合，个人的向往和追求只有同社会的需要、大多数人的利益相一致，才可能变为现实。社会主义核心价值观的要求为我们指引了个体职业理想的方向。在资本市场带来强烈冲击的社会环境中，资本力量通过对劳动产品的异化、不断的消费体验和分解劳动过程，让大学生都成为劳动过程的一个组成部件，劳动本身变成了获取消费资本的工具。要克服功利主义思想作祟，首先是追求专注精神。高职学生应积极参加学校组织的校内外各项实践活动，在实践活动中把专注投入作为自我价值实现的最高级别表达，在学习和日常生活中对待每一件事物拥有饱满的热情，专注于专业知识的学习和专业技能的培养，自觉提高自己的综合职业能力。其次是追求敬业精神。爱岗敬业是社会主义核心价值观中关于职业态度的最根本要求，只有敬业爱岗才能在劳动过程中感受到劳动带来的创造性体验，克服功利性劳动取向。因此，高职学生应自觉加强对爱岗敬业的内涵的认识，以爱岗敬业为从业价值取向，规划未来职业生涯，积极参加专业实习实训和顶岗实践，以实际行动克服功利职业态度，完成爱岗敬业职业态度的彻底转变。

### 2. 充分利用课程学习，自觉践行工匠精神

工匠精神的锤炼不是一蹴而就的，需要经过长期的实训和实践锤炼。高职院校学生要充分利用课程教学资源，将工匠精神融入其中，内化为个人素质。在此过程中，首先要充分认识工匠精神的内涵，深刻感悟工匠精神对国家社会以及自身发展的价值，激发对工匠精神的向往和追求。其次，要分阶段、循序渐进地开展工匠精神的自我培育。入学第一年，学生们基本延续了高中阶段的学习热情和青春活力，从一开始就应把培养工匠精神作为自己职业生涯的基本价值追求，以专注和精益求精的态度对待各门功课的学习，打牢专业基础理论知识；大学第二、三年，在掌握了一定专业基础理论知识的基础上，积极投入实习实训等实践教学环节，自觉培养务实敬业、精益求精的品质和勇于实践、敢于创新的工作作风。鲁班精于木工，创造了墨斗、刨子、钻子、锯子等工具，极大地解放和发展了生产力；瑞士制表人对每一个零件、每一道工序都精心打磨、

专心雕琢，最终使瑞士手表誉满天下、畅销世界。"积小流成江河"，只有在平时的学习生活中注重工匠精神的锤炼，才能全面提升自己的职业素养和综合职业能力。

### 三、劳模精神的传承

劳动模范是中国工人阶级和广大劳动群众的杰出代表，是民族精英、国家栋梁、社会中坚、人民楷模，他们彰显劳动的价值、展现劳动者的境界，是劳动精神的集中体现。劳动模范身上所体现的优秀品质就是劳模精神，是在中国共产党领导的中国革命、建设和改革的伟大实践中逐渐形成的中国精神，是先进生产力的集中体现，是时代主旋律的突出代表，具有鲜明的政治导向、文化传承和道德实践价值，是新时代加强高职院校思想政治教育的重要文化资源。劳模精神的传承对高职院校来讲意义非同小可。

#### （一）劳模精神的内涵

劳动模范作为社会生产中涌现出的先进群体，他们以身作则、无私奉献，以主人翁的姿态投入到社会主义建设中，集中体现了先进性品质和主人翁立场两个特点。劳模精神强调的是一种责任心与使命感，反映了劳动模范在某一领域凝炼出的精神境界。我国涌现的劳模如袁隆平、徐虎、孟泰、吴仁宝、马恩华、包起帆、王进喜、时传祥、邓稼先、赵梦桃等则是劳模中的典范，他们身上所具备的"爱岗敬业、争创一流，艰苦奋斗、勇于创新，淡泊名利、甘于奉献"的特质集中体现了劳模精神的内涵。

#### （二）传承劳模精神的价值

劳模在各个历史时期始终是最闪光的群体，劳模精神是激励我们艰苦奋斗、再创辉煌的强大动力，以劳模为榜样，向劳模学习，传承劳模精神对高职学生有着重要的意义。

**1. 传承劳模精神能引导学生树立正确理想信念**

高职学生正处于青年时期，是理想形成的年龄，也是信念形成的关键时刻。为了引领高职院校学生树立正确理想信念，需要大力弘扬新时代劳模精神，因为劳模精神传递了正能量，可以激励青年树立目标与理想，继承爱岗敬业精神，并付出坚持不懈的努力，在未来勤勤恳恳地从事自己的事业。劳模作为榜样的力量是巨大的，高职学生传承劳模精神，依靠劳模榜样引领，能充分调动学习的主动性和积极性，有助于自身精神境界的提升与完善和个人职业理想的顺利实现。

**2. 传承劳模精神能提升学生思想道德教育水平**

立德树人是高职院校的根本任务，而劳模精神的传承作为新时代的一种育人途径，对于提升学生的思想道德水平大有帮助。从企业角度看，除了专业能力，更注重员工的人品、工作态度及责任心，而这些基本素养需要在学校逐步练就。高职学生在校期间，把传承劳模精神作为加强思想品德教育的一种手段，可帮助自身树立正确的劳动观念，养成热爱劳动的习惯。劳模精神的潜移默化，可激励学生向劳动模范学习，将劳模精神内化为自身的品格，实现德育的知行合一，努力让自己成长成为有理想、有道德、有本领的时代新人，成为德才兼备的现代职业人。

**3. 传承劳模精神能增强学生职业生涯的规划效能**

高职院校以就业发展为导向，注重实践技能的培养。但如果只有技能，却缺乏职业生涯规划，面对未来会产生很多迷茫，也会遇到很多困境。近年来，我国大学生就业形势日趋严峻，就业压力不断增加，高职学生进入校园后很关心以后的就业情况，在校期间如何做好职业生涯规划、选择适合自己的职业方向，并努力提升自己的职业能力是每个学生必须认真思考的问题。而高职学生向劳模学习，传承劳模精神，有助于提早做好职业生涯规划，并且按规划的目标进行学习和实践，逐渐形成干一行、爱一行、专一行的职业信念。此外，劳模精神中的创新精神也能引导、帮助学生规划职业生涯、开启人生的绚丽篇章。

**（三）怎样传承劳模精神**

劳模精神作为社会主义先进文化的重要组成部分，其蕴含的"爱岗敬业、争创一流、艰苦奋斗、勇于创新、淡泊名利、甘于奉献"等主要内容，与社会主义核心价值观在政治导向、思想引领、文化传承、道德提升等方面密切关联、高度契合。劳模是以自己的奉献精神和牺牲精神为他人树立了学习的榜样，榜样教育具有示范、激励、导向、调整、自律和矫正等多种功能。高职院校学生应自觉用劳模精神引领自我发展，让劳模精神渗入思想灵魂最深处。

### 1. 利用平台载体，体验劳模精神，提升思想认识

高职学生要主动利用学校各种宣传载体和平台，近距离接触劳动模范、感受劳模精神、聆听劳模故事、观摩劳模技艺，充分体验劳模先进事迹和优秀品质的感召作用，引导自身培育爱国情怀、无私奉献、勤奋学习、勤勉敬业的精神。通过劳模精神的引领和感召，一方面，帮助高职学生正确认识个人、集体和国家的关系，理想与现实的关系，激励其志存高远，在国家发展和民族复兴中奋力拼搏、奉献自我，将个人梦想与事业追求融入时代发展的滚滚洪流之中；另一方面，帮助高职学生正确看待体力劳动和脑力劳动的分工，正确看待不同职业之间的收入差异，正确理解付出与回报的辩证关系，确立正确的劳动价值观，理性面对创新创业中遇到的困难挫折，激发攻坚克难的斗志。

### 2. 参与实训实践，磨炼品格意志，陶冶高尚情操

劳模精神不能仅仅停留在认识层面，而要通过实践将其内化为从业者的职业素质。劳模精神和工匠精神一样需要传承与积淀，不仅在代际，更是在个体的成长过程中。高职学生要把弘扬劳模精神同专业实训、校内外生产劳动、社会实践等有机结合起来，在实践参与中体悟劳模精神，"从做中学"，在增长才干和磨炼意志中感受劳动所带来的收获和乐趣，形成尊重劳动、崇尚劳动、热爱劳动又能辛勤劳动、诚实劳动、创造性劳动的真挚情感，从而确立正确的职业价值取向，提升精神追求、完善职业素养，促成对职业、对国家、对社会的强烈使命感和责任感。劳模不仅是一种荣誉，也是一份责任，还是一种社会正气，具有为广大群众做表率、树榜样的作用。因此，国家需要劳模的劳动热情，树立正确的劳动观，引导大家爱岗敬业，勤奋工作；需要劳模的无私奉献精神，引领社会道德文明朝着更加健康积极的方向发展；需要劳模主流的价值观，引导社会呈现生机和活力，充满正能量，从而有效促进国家和民族的伟大复兴和发展。

 拓展平台

### 1. 课程实践

#### 讲述故事：王进喜与"铁人精神"

王进喜，1923年10月8日出生于甘肃省玉门市赤金堡一个贫苦的农民家庭。

1950年春，王进喜通过考试成为我国第一代钻井工人。从1950年春招工到1953年秋，王进喜一直在老君庙钻探大队当钻工，他勤快、能吃苦，各种杂活抢着干。他说，党把我们当主人，主人不能像长工那样磨磨蹭蹭、被动地干活。艰苦的钻井生产实践，锻炼了他坚忍不拔的品格和大公无私的先进思想。1956年4月29日，王进喜光荣加入中国共产党，这是他人生旅途的一个里程碑。

早在20世纪初，美国专家来到我国考察石油时，曾武断地宣称"中国没有石油""中国石油储备量极其贫乏"。王进喜却豪迈地说："我就不信石油都埋在外国的地下，不埋在我们的地下。我们石油工人硬要拿下个大油田给他们看看！"入党不久，王进喜担任了贝乌5队队长，并带领贝乌5钻井队奋战在"春风不度"的玉门油田。他提出了"月上千，年上万，祁连山上立标杆"的口号，创出了月进尺5009.3米的全国钻井最高纪录。10月，王进喜到新疆克拉玛依参加石油工业部召开的现场会。余秋里部长、康世恩副部长把一面"钻井卫星"红旗颁发给他。贝乌5队被命名为"钢铁钻井队"，王进喜被誉为"钻井闯将"。

1959年，王进喜到北京出席群英会，当他看到在公路上行驶的公共汽车因为缺乏汽油都背着一个大气包时，心里像针扎一样难受。他想，我们的国家那么大，汽车没有油烧，石油工人的脸该往哪里搁呢？正在这时，传来了在我国东北发现大油田的消息，王进喜高兴极了，他立即主动请战，来到大庆，参加一场规模空前的石油大会战。

1960年3月，朔风呼号，滴水成冰。几万人的会战队伍汇集到荒原之上，生活的困难多得不可胜数，王进喜鼓励战友们："我们的困难再大，也没有国家缺油的困难大。我们总不能在城市里、在暖融融的房子里打井！"他们等不及了，恨不得一拳头砸开地层，让乌黑发亮的原油从地下涌流出来。钻机运到了，但没有起重设备，王进喜率领全队人拉肩扛，硬是把60多吨重的钻机设备一件件从

火车上卸了下来，运到井场；开钻了，一台钻机每天至少要用 40～50 吨水，可是水管还没有安好，王进喜又带领战友们到 1 里路以外的小湖里用盆端水，几天之中共端了 200 多吨。就这样，王进喜和 1205 钻井队的英雄们不等不靠，抢时间，争速度，仅用了 6 天的时间，就钻井 900 多米，打成了大庆荒原上的第一口油井，使沉睡千年的原油喷发出来。当地的老乡感动地说："王进喜哪里是在打井，他分明是在拼命啊！"

当王进喜带着腿伤、拄着拐杖在现场指挥打第二口井时，突然出现了井喷的迹象，如不及时压住，不仅会机毁人亡，连那高大的井架也要被吞没到地层里去。他当机立断，果断地采取措施，用水泥代替重晶石粉调泥浆压井，自己毫不迟疑地扔掉双拐，纵身跳进了泥浆，用身体去搅拌泥浆。经过 3 个小时的紧张搏斗，井喷被压住了，钻机被保住了，而王进喜的身上手上却被碱性很强的泥浆烧起了大泡。目睹这一切的当地老乡被深深地感动了，他们夸赞道："王队长真是一个铁人啊！"从此，"铁人"的称号便在大庆油田传开，铁人成了中国工人阶级的骄傲！

"铁人精神"气贯长虹——劳动模范王进喜

是的，王进喜确实不愧"铁人"的称号。他有着钢铁般的意志，他常说："我最高兴的就是多打一口井，宁可少活它 30 年，拼命也要拿下大油田！"他像钢铁那样坚强，有人劝他："别急嘛，顶多是耽误一会儿打井。"他憋不住地顶了起来："我整天想的是多打井、快打井、多出油，为什么要让我耽误打井？为什么让我少打一口井而不是多打两口井？"他走到哪里，就在哪里带出一支响当当过得硬的队伍。工人们说："我们的老铁真是铁一样硬，工人身上有多少泥，老铁身上就有多少泥；工人身上有多少汗，老铁身上就有多少汗！"

然而，王进喜毕竟是血肉之躯，由于过度劳累，他的健康状况越来越差，待到去医院诊断时，已是胃癌的后期。当他知道自己的病情时，反而十分冷静地鼓励医务人员："你们放心大胆治疗。治好了，我继续干革命；治不好，你们也可以取得一些经验。"在住院的7个月中，他以惊人的毅力学习毛主席著作，时时刻刻关心着大庆油田的建设，他恳求医护人员："让我回大庆看看吧，我想看看同志们，还想看看大庆油田！"他的觉悟、他的挚爱、他的精神，已经溶进大庆深深的地层之中，溶进了我国人民建设四个现代化的伟大事业之中。

### 2. 阅读思考

【背景材料】

#### 劳模精神、劳动精神、工匠精神的关系

劳模精神和劳动精神是部分和整体的关系。从主体上看，劳模精神的主体是劳模群体，劳动精神的主体是所有劳动者，而劳模群体是广大劳动者群体中的佼佼者和杰出代表，也是广大劳动者学习的榜样。从这个意义上讲，劳模精神也是劳动精神的一部分。劳动精神是一名合格的劳动者应该有的精神，劳模精神则是成为劳模必须有的精神。做劳动者不合格，做劳模更不可能。没有劳动精神，也很难有劳模精神。所以，劳动精神应该成为所有劳动者都必须拥有的精神，劳模精神是所有劳动者都应该学习的精神。两者也是方向和基础的关系，劳模精神是方向，劳动精神是基础。

劳模精神和工匠精神的关系是外力和内力的关系。劳模精神是所有劳动者都应该学习的精神，是影响和引领每一位劳动者从平凡走向不平凡的外力。劳模精神从外部影响每一位劳动者学先进、做先进。工匠精神则是每一位劳动者都应该具有的精神，是激发和激励每一位劳动者不断自我挑战和自我超越的内在动力。工匠精神从内部唤醒每一位劳动者不断成为最好的自己。劳模精神是超越别人的精神，因为他们就是超越了很多劳动者才脱颖而出。工匠精神是超越自己的精神，世上最大的对手不是别人，而是自己。工匠精神是让劳动者成为自己的"劳模"，

劳模精神是让劳动者成为别人的"模范"。工匠精神点亮了自己的生命,劳模精神则照亮了别人的生命。

　　劳动精神和工匠精神是共性和个性的关系。劳动精神是所有劳动者的共性,每一位劳动者都应该有劳动精神。工匠精神则揭示了不甘于平庸的劳动者的个性,是成就优秀劳动者的必要条件。个性不仅是产品和企业的核心竞争力,也是劳动者的核心竞争力。这里所说的劳动者的个性主要是指劳动者在自我超越过程中彰显出的个人优势及其精神状态,也就是工匠精神。换句话讲,没有工匠精神的劳动者很难有出色的成就和骄人的业绩。精益求精、追求极致是践行工匠精神的核心,也是成就杰出劳动者的根源。如果工匠精神成就的劳动者不仅大大超越了过去的自己,也大大超越了别人,在企业、行业、全国乃至全世界都成为最优秀的劳动者,那么,他就会成为别人学习的榜样和楷模,最终就会成为劳模,劳模精神也随之产生。

　　【问题思考】

　　结合本章的内容,谈谈你在大学期间的学习和生活中如何树立劳动精神。

**随手笔记**

实践篇

第四章

# 生活之需：
## 劳动教育与日常生活相结合

我们世界上最美好的东西，都是由劳动、由人的聪明的手创造出来的。

——高尔基

## 教学目标

- ☑ 掌握日常生活中的劳动技巧。
- ☑ 明确劳动在日常生活中的重要作用。
- ☑ 重视校园生活中的劳动教育。

## 知识导图

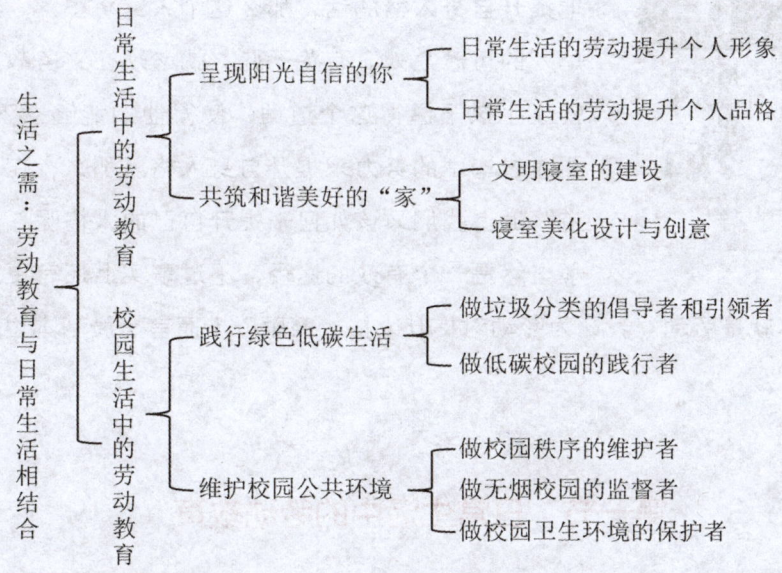

## 知识标签

生活起居、校园生活、劳动教育

 情景导入

 **劳动不单纯为了谋生,而是磨砺心性、提升人格**

稻盛和夫在《对话稻盛和夫:话说新哲学》一书认为:"人类劳动的目的并不仅仅是为了获得报酬,我坚信人生的目的就是为了提升人格,而劳动的目的则是为了让自己的人格能够得到升华。一个人如果不能尽其一生,始终坚持不懈地提升自身人格的话,那么这个人终将堕落,这也正是人的可悲之处。有鉴于此,就必须在义务教育阶段就让小孩子懂得这个道理,使得他们能够立下志愿,要通过毕生的努力来提升自身人格。那么,在人生的道路上,我们又该如何来提升自己的人格呢?学习哲学当然是一个有效的途径,不过事实上还有更加有效的途径,这就是劳动。我认为劳动对提升人格、磨砺心性而言是最基本也是最有效的手段。"

## 第一节　日常生活中的劳动教育

中共中央、国务院《关于全面加强新时代大中小学劳动教育的意见》明确规定,各类学校应"根据教育目标,针对不同学段、类型学生特点,以日常生活劳动、生产劳动和服务性劳动为主要内容开展劳动教育"。日常生活的劳动是高职院校开展劳动教育的最基本内容。俗话说"一屋不扫何以扫天下",高职院校开展劳动教育首先要从学生自身日常生活的劳动抓起,将劳动教育与日常生活紧密结合起来,把日常生活中的劳动作为打好自己人生底色、提升自我形象、完善自我人格、养成独立自主的品格、扣好人生第一粒扣子的重要途径,为未来创造有意义有价值的人生奠定坚实的基础。

## 一、呈现阳光自信的你

自信是生命成长的强大动力,自信是人生幸福快乐、成长成才的秘诀。充满自信的人,其言谈举止间洋溢着积极向上、乐观开朗的气息。自信是一种是由内而外散发的气质,不仅包括得体的外表,也包括品格高尚的内在。这种气质的培养除了长期的学习积累,也需要通过日常生活当中个人的劳动意识和劳动活动来铸就。马克思认为,"我在劳动中肯定了自己的个人生命""我的劳动是自由的生命表现,因此是生活的乐趣"。这种生命的乐趣,就是劳动的幸福感,就是自信的来源。

### (一)日常生活中的劳动提升个人形象

个人形象是对外交流时给他人留下的第一印象。良好的个人形象不仅仅是五官端正,更应该包括言行举止恰当、个人卫生到位、服饰搭配合理等多个方面。通过自己辛勤的日常生活的劳动,学生可以打造良好的个人形象,营造整齐清洁的生活环境,提升自己在人际交往中的自信。

**1. 掌握洗衣必备常识,保持衣物洁净**

离开家庭来到学校独自生活,洗衣是学生应该学会的必备劳动技能。服装是个人外部形象的一部分,并不是越高昂的名牌服饰越能提升个人外部形象,其实只要衣服色彩鲜艳没有污渍就能直接体现个人良好形象,体现个人爱干净、讲卫生的良好生活习惯。因此,学生需要掌握手洗衣服的步骤与技巧。

洗衣小技巧

### ➡ 资料拓展

准备材料:待清洗衣物、洗衣盆、洗衣液。

(1)整理衣物。手洗衣服可能不必分类但洗前还是要整理一下。把全白和有色、深色衣物分开。精致的衣物或特别脏的地方要分开洗。

(2)准备好水。需要准备2盆水,1盆用来洗,另1盆用来冲。不同颜色的衣物需要不同温度;白色及淡色衣物需要热水,有色及深色的衣物需要较凉的水。每次装水时可以调整温度。

(3)加入洗衣液。倒入1盖或2盖(依照不同尺寸的盆子)在温水中。手洗衣服用液体清洁剂最有效，因为它能快速溶解。用手混合清洁剂有助于散开及发泡。

（4）浸湿衣物。将脏衣物放入热水中，在清洗前浸泡10～15分钟。

（5）清洗衣物脏处。在衣物的污渍处以及袖口、领口等易脏部位，用手蘸些清洁剂搓揉。

（6）冲洗衣物。把水中的肥皂及脏东西倒掉并将衣物倒入第2盆清水中。将衣服上的脏水尽可能冲洗掉。若衣物中还有很多清洁剂，再放入清水中冲一次。

（7）除去多余的水。衣服若很湿是很难干的，应试着在晾干前除去多余的水。轻轻将水挤出不要扭或拧，这样才不会伤害衣物或使衣物变形。

（8）晾干衣物。将衣物翻过来避免被太阳晒坏（除了白色衣物），然后挂在衣架上并用夹子固定住,依照外面的温度及湿度不同,大概花1～2天才会完全干。

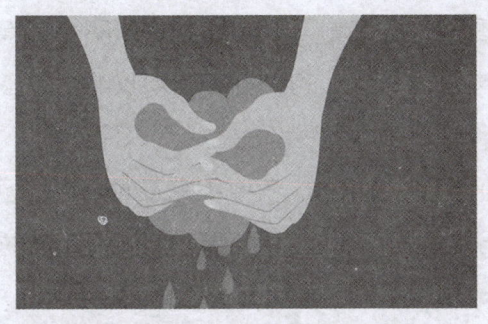 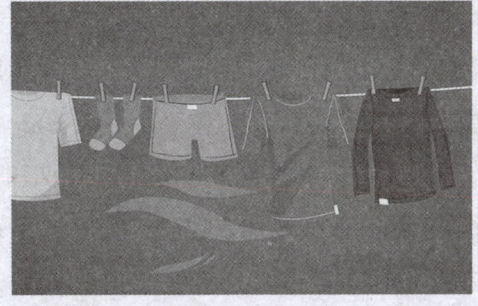

（资料来源：https://zhidao.baidu.com/question/43596020.html）

### 2. 掌握必备收纳技巧

有规矩，才有格局。宿舍个人空间有限，通过劳动掌握有效的收纳技巧，可以实现空间利用的最大化，不仅能打造视觉上的洁净，也可提升宿舍生活环境的质量，规划得当才能生活舒适。

整理衣柜小技巧

衣服的存放一定要分门别类，这样才能在最短的时间内找到自己想要找的衣服。衣服摆放要有大体方位，春夏秋冬四季的衣服分开摆放并按照衣服的种类、衣服的颜色、自己的喜好等进行细分。

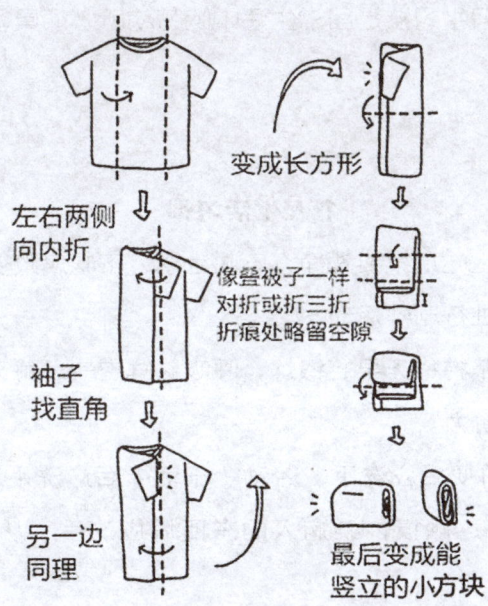

基本衣物折叠法

书桌的收纳技巧同样重要，整齐合理的书桌布局可以提高学习效率。书桌收纳前合理划分书桌面积，然后分门别类整理书桌上的物品。书桌收纳可以遵循以下几条原则：

（1）在书桌上或者抽屉内，先取出的物品先放进去，养成用完及时归位的习惯。东西不要长时间放置在桌面上，保证视觉上整洁的效果，要养成随手取随时放的习惯。

（2）按类别取放物品，可以利用不同大小的收纳盒，将物品进行类别的归置。取出时因为之前已经是整理过的，所以取的时候较为方便，在放回时也应放回原类别处。

（3）养成定时整理的习惯。因为无论是多么有效的整理书桌的方法，在经过一段时间学习工作后必定会再次打乱书桌，只有养成良好的整理习惯才能使书桌保持整洁。

### 3. 养成良好个人卫生习惯

干净整洁的人更加容易获得他人认同，大多数人的心灵深处也更趋于跟干净清洁的人交往。在我国，随着社会经济的不断发展，人的文明程度也在不断提高。在寝室群居生活的学生，个人卫生的干净与否直接影响整个寝室的生活环境。因此，养成良好的个人卫生习惯是日常生活中的劳动所必须具备的内容。

### 资料链接

**个人生活习惯**

（1）饮食卫生：生吃瓜果要洗净、不喝生水、不吃腐败变质的食物、不挑食和偏食、饭后不马上进行剧烈活动。

（2）运动锻炼：坚持每天早起锻炼，呼吸新鲜空气，每天应至少运动1小时以增强体质、提高抵抗力。

（3）勤洗手：饭前便后应洗手、劳动（干活）后应洗手、做游戏后应洗手、触摸脏东西后应洗手、触摸传染病人的东西后应洗手、从公共场所回来后应洗手。

（4）用眼卫生：看书写字时要注意姿势正确，光线适宜，眼与书本的距离应保持一尺左右（30～35cm），时间不可过久；走路乘车时不看书，不躺着看书；坚持做眼保健操。

（5）保护牙齿：吃东西后漱口、早晚刷牙、不咬过硬东西、不吃过冷过热的东西、睡前不吃东西、患牙病及时治疗、不咬笔头和手指。

（6）保护鼻腔：早晚各使用等渗盐水清洗鼻腔，清除鼻腔中的病菌、病毒，预防感冒、鼻炎等上呼吸道疾病；在尘埃较重的环境中佩戴口罩，避免过多粉尘进入鼻腔，削弱鼻腔生理功能；避免抠鼻子损伤鼻腔黏膜，当存在鼻屎的时候，用水清洗鼻屎，消除鼻腔炎症。

（资料来源：https://baike.baidu.com/item/%E4%B8%AA%E4%BA%BA%E5%8D%AB%E7%94%9F/2581874?fr=aladdin）

### （二）日常生活的劳动提升个人品格

教育学家马卡连柯说：劳动教育，即人的劳动品质的培养，不仅是未来好的公民或不好的公民的教育，而且是公民将来生活水平及幸福的教育。他认为，劳动不仅具有社会生活和个人生活上的意义，而且更具有道德修养和精神锻炼上面的意义。中国有句古话："勤以修身，俭以养德。"勤俭节约是中华民族的优良传统，更是一种美德，也是发展经济、扩大积累的基本要求。倡导勤俭朴素、崇尚节俭、反对浪费，在建设社会主义现代化、引领绿色低碳生活的今天，具有重要意义。高职学生应主动将厉行勤俭节约、反对铺张浪费与自身的日常学习、生活以及各项活动结合起来，从自己做起，从现在做起，从身边的细微小事做起，尊重劳动，热爱劳动，珍惜劳动成果，形成正确的劳动价值观，树立艰苦奋斗的事业观、价值观和生活观。

**7 种比较常见的手缝方法**

**包边缝：**也叫毛边缝，用于装饰布片边缘，还可以用于锁扣眼。

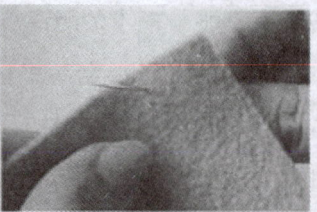
**1** 沿着布片边缘表面出针。

**2** 将线绕过布片，动作 1 出针处前方再入针，针目可自己调整。

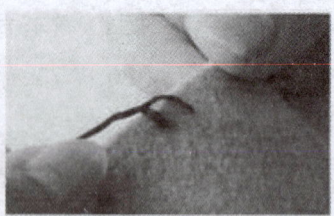
**3** 拉紧线段。

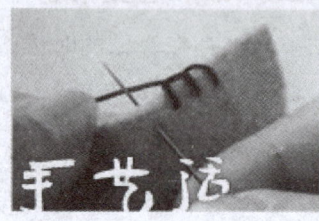
**4** 重复动作 2 和动作 3。

**5** 同法缝完。

**平针缝**：用于 2 片布的拼接或缝制较薄的布。

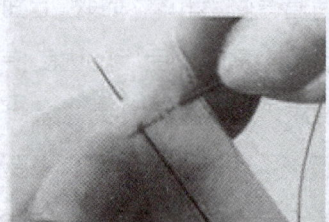
**1** 从记号点外 0.7 厘米处入针。

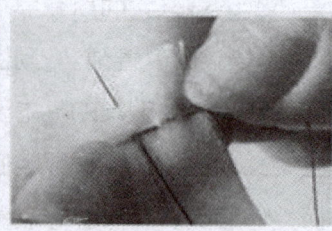
**2** 往前约 0.5 厘米处出针。

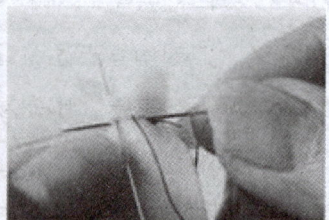
**3** 往后回一半，入针，往前记号点出针。

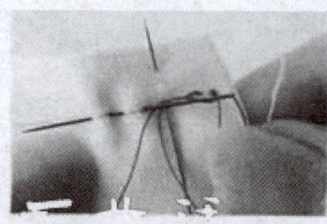
**4** 往前上下运针，针目约 0.2～0.3 厘米，约 2～3 针后抽针。

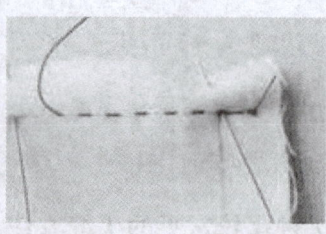
**5** 动作 4 反复进行，直到缝完。

**回针缝：**用于增强平针缝的不牢靠或缝制较厚的布。

**1** 从记号点外 0.7 厘米处入针，往前约 0.5 厘米出针。

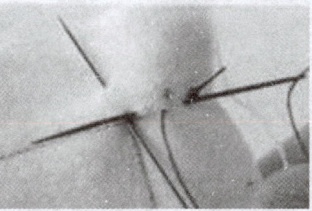
**2** 往后回一半，入针，往前记号处出针。

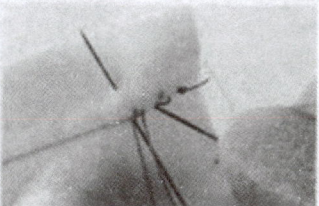
**3** 回到前一针尾部入针。

**4** 往前约 0.7 厘米处出针。

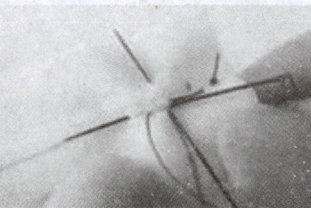
**5** 重复动作 3 和动作 4。

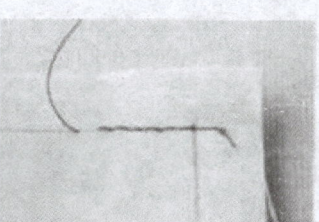
**6** 线痕如图，注意与平针缝的区别。

**藏针缝：**也叫贴布缝，用于将 B 布缝在 A 布上或滚边条的缝合。

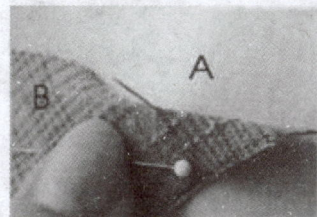
**1** A 布背面入针，B 布表面出针。

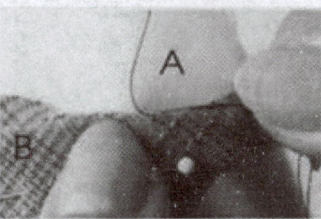
**2** 由 A 布的对称点入针。

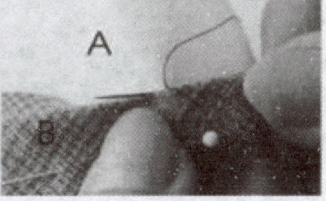
**3** 在 B 布往前约 0.3 厘米出针。

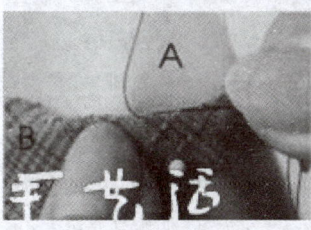
**4** 重复动作 2 和动作 3。

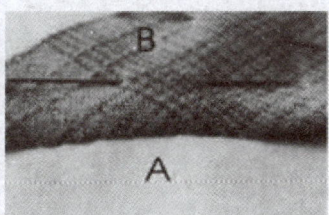
**5** 完成后的线迹。

**缩缝**：用于制作缩口。

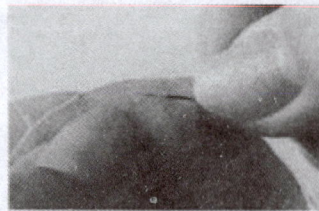 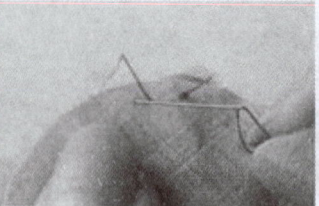 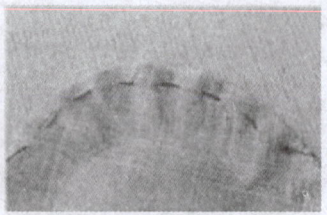

1 由圆形布片表面入针，往前约 0.5 厘米处出针。

2 再往前 0.5 厘米处入针。

3 以平针缝前进，针目约 0.5～0.7 厘米。

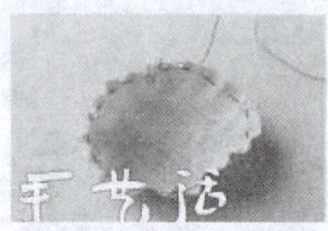

4 完成（拉紧缝线可以收缩开口）。

**疏缝**：用于将表布、铺棉和里布暂时固定。

 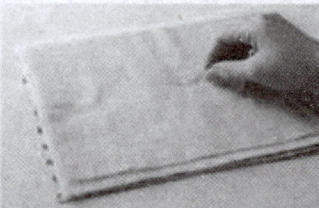 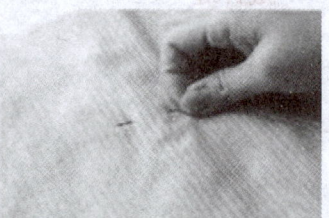

1 从将表布、铺棉与里布三层依次排列。

2 将疏缝线单线打结，由布片中心点入针。

3 往前约 2.5 厘米处表面出针。

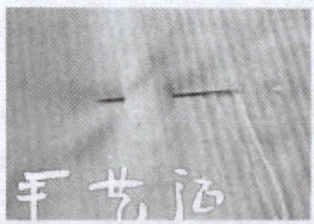 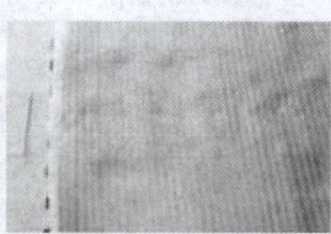 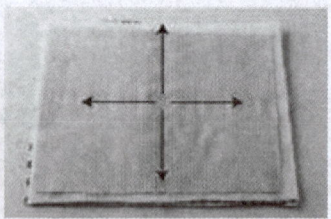

4 再往前 2.5 厘米处表面入针、出针。

5 最后一针回针不打结。

6 以中心点向外缝十字状；再缝 45° 对角线（缝制时可用汤勺辅助）。

这个示例是疏缝的其中一种用途，是针对下面"压缝"进行准备的。

**压缝：**用于增加缝制服装或布艺作品的立体感及紧固度。

**1** 表布、铺棉和里布用上面方法"疏缝"后，用记号笔画出将欲压缝的线条。

**2** 起针将线头藏入铺棉内，沿着记号线以平针缝前进，针目约 0.2～0.3 厘米。

**3** 同样方法缝完所有记号线，拆掉疏缝线即完成。

（资料来源：https://www.shouyihuo.com/view/2651.html）

## 二、共筑和谐美好的"家"

在学校，寝室是学生的"家"，是大家生活起居的场所。学生们一天之中大多数时间都在寝室度过，这是大家情感交流的家园。虽然寝室成员来自五湖四海，有着不同的生活习惯、性格和文化背景，但是"家"的和谐美好是大家共同的愿望。拥有良好的劳动习惯和个人生活习惯，通过劳动提高创造美和保持美的能力，是构建文明寝室的有效途径，也是学生实现"自我教育、自我管理、自我服务"的重要方法。

### （一）文明寝室的建设

文明寝室的建设需要寝室成员团结友爱，互相尊重，互帮互助，热心集体活动，培养团结融洽的寝室关系；需要寝室成员行为举止文明，礼貌待人，具有较强的自律意识和良好的个人行为修养；需要寝室成员遵守学校各项规章制度，按时作息，不影响他人休息，不在宿舍内酗酒滋事、起哄闹事，服从宿舍管理人员的管理等。

文明寝室的建设需要做的事情很多，如：日常生活中要发扬珍惜劳动成果的美德，节约用水、用电，爱护公物，每天要轮流打扫卫生；床单被褥要折叠整齐，洗漱用品和鞋子的摆放不能太过随意；室内的物品要统一摆放，蚊帐统挂统收，桌椅摆放不能太过拥挤，尽量留有空间；每天早晚寝室通风，保持空气流通等。

 资料链接

## 学生寝室 6S 管理[①]

（1）整理：根据使用频率区分出必需和不必需、常用及不常用的物品，区分出文明和不文明的言行，现场仅放置必需品，保留文明言行，将不必需和不常用的物品收集起来，摒弃不良言行。

（2）整顿：将生活和学习必需品及常用品归纳整理，按照整齐划一的格局放在便于取放的位置上，使之井井有条、井然有序。

（3）清扫：清理打扫卫生，清除污垢，使宿舍环境处于干净、整洁的状态。

（4）清洁：将整理、整顿、清扫的做法规范化、制度化，建立宿舍 6S 管理的规范和标准体系，督促学生遵照实行。

（5）素养：通过管理规范的约束力，将各种规定内化为自身的要求，从心态上和行为上养成良好习惯。

（6）安全：安全是学生管理工作的重中之重，也是学生宿舍管理的根本保障，通过安全教育和安全管理，增强学生的安全意识，防止事故的发生。

### （二）寝室美化设计与创意

寝室是学生身心的避风港，是最基本的生活基地。保持寝室的干净整洁是构建和谐美好"家园"的最基本要求。通过劳动打造个性化的寝室，能丰富大家的寝室生活，对同学们的思想道德修养产生积极的影响。富有创意的美好的寝室环境能够让大家体会到集体的温暖和家的感觉，可以增进相互之间的感情，展现自我的风采。

寝室美化是寝室成员智慧的结晶，也是寝室文化的重要体现，更是寝室成员劳动素养的体现，体现了寝室的文化性、思想性、创造性、艺术性和实用性。比如：可以在墙面和天花板上贴上不同颜色和图案的壁纸，使整个寝室看起来更有色彩、更有生机；在地板铺上统一的贴纸或者地垫，使整个寝室看起来更整齐；阳台是

---

① 资料来源：http://www.chinatpm.com/tpm/5Sssm_525_12929.html

一个充满阳光的地方，可以在那里挂上风铃或者晴天娃娃等一些好看的挂饰，使寝室看起来更有活泼感。

## 第二节 校园生活中的劳动教育

有一首歌是这样唱的："我想有个家，一个不需要多大的地方。"在学校，我们每个同学不仅都有一个属于自己的"小家"（寝室），而且还拥有一个共同的"大家"，那就是校园。校园是我们全体同学共同学习生活的场所。校园的平安和谐、校园的一草一木等都对我们学习生活产生一定影响。因此，我们每一个同学都要关心这个"大家"，要通过自己的辛勤劳动，共同营造校园美好环境，共同维护好校园的秩序。

### 一、践行绿色低碳生活

近年来，我国政府高度重视绿色低碳发展，习近平总书记多次指出"践行绿色发展的新理念，倡导绿色、低碳、循环、可持续的生产生活方式"。所谓绿色低碳生活，是指生活作息时尽量减少所耗用的能量，从而减少含碳物质的燃烧，特别是减少二氧化碳的排放量，进而减少对大气的污染，减缓生态恶化，减缓温室效应。通常情况下，主要从节水、节电、节气、节油和回收等环节来改变生活细节。绿色低碳生活是一种态度，人人都应努力追求。在学校，绿色低碳生活与校园环境的维护相辅相成，广大学生应该积极提倡并践行低碳生活，从自身生活和学习的点滴做起，将践行低碳生活与劳动实践结合起来，共同维护好校园环境。当前，践行绿色低碳生活最重要的是争当垃圾分类的倡导者和低碳校园的践行者。

#### （一）做垃圾分类的倡导者和引领者

垃圾分类是环境维护、科学处理、合理利用的有效途径。2018年1月16日，教育部等六部门发布了《关于在学校推进生活垃圾分类管理工作的通知》，要求规范生活垃圾分类、投放、收集、贮存工作，探索建立校内生活垃圾分类、投放、收集、贮存的管理体系。建立学校垃圾分类管理体系不仅积极响应了国家的号召，同时能有效改善学校校园环境；促进节能减排，实现资源的循环和可持续发展；节约垃圾处理成本、提高效率，具有社会、经济和生态三方面的效益。当前，学生产生的多为可回收垃圾，如果加以回收利用，每年节约的资源将无比巨大。因此，每个学生都应当发扬新时代的青年生力军作用，做全社会垃圾分类新风尚的倡导者和引领者。下面介绍一些垃圾分类的基本知识。

### 1. 垃圾种类

垃圾分类，一般是指按一定规定或标准将垃圾分类储存、分类投放和分类搬运，从而转变成公共资源的一系列活动的总称。分类的目的是提高垃圾的资源价值和经济价值，力争物尽其用。当前，垃圾的种类一般分为以下几种。

垃圾分类小视频

（1）可回收垃圾。主要包括废纸、塑料、玻璃、金属和布料五大类。纸类：未严重玷污的文字用纸、包装用纸和其他纸制品等，如报纸、各种包装纸、办公用纸、广告纸片、纸盒等；塑料：废容器塑料、包装塑料等塑料制品，比如各种塑料袋、塑料瓶、泡沫塑料、一次性塑料餐盒餐具、硬塑料等；金属：各种类别的废金属物品，如易拉罐、铁皮罐头盒、铅皮牙膏皮等；玻璃：有色和无色废玻璃制品；织物：旧纺织衣物和纺织制品。这些垃圾通过综合处理回收利用，可以减少污染、节省资源。

（2）厨余垃圾。这是指餐饮业单位，企事业单位、学校的食堂等产生的食物残渣和废料，俗称泔脚、泔水或潲水。这些垃圾经生物技术就地处理堆肥，每吨可生产 0.6～0.7 吨有机肥料。

（3）有害垃圾。这是指生活垃圾中对人体健康或者自然环境造成直接或者潜在危害的废弃物，包括废充电电池、废纽扣式电池、废灯管、过期药品、杀虫剂瓶、废油漆、过期化妆品、水银产品等。这些垃圾一般单独回收或填埋处理。

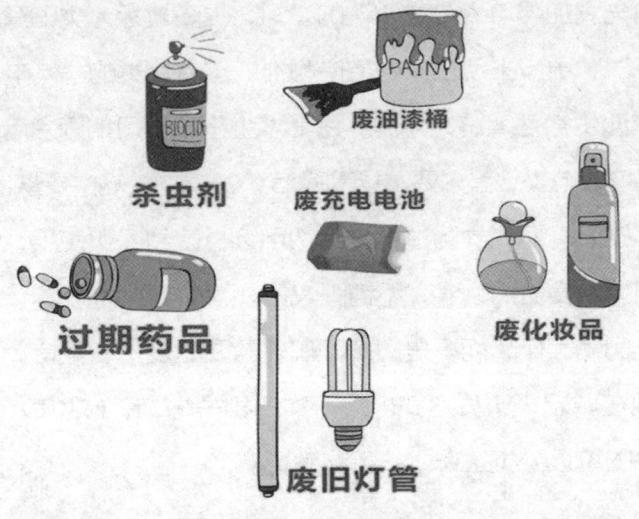

（4）其他垃圾。这是指除有害垃圾、厨余垃圾、可回收垃圾之外的其他废弃物，包括废弃食品袋（盒）、一次性餐具、废弃保鲜膜（袋）、废弃纸巾、废弃瓶罐、灰土、烟头、宠物粪便等。这些垃圾一般采取填埋、焚烧、卫生分解等方法处理，部分还可以进行生物降解。

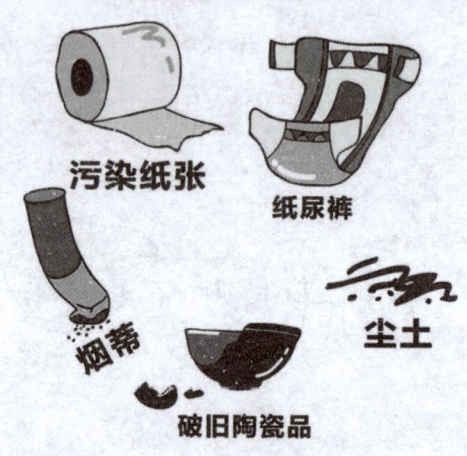

## 2. 学生如何倡导和引领日常垃圾分类

（1）掌握垃圾分类相关知识。垃圾分类看似简单，但操作起来并不容易，因此，每个学生首先要加强垃圾分类知识的学习，提高垃圾分类的意识，在自觉做好垃圾分类的同时，更应主动加入到宣传和推广垃圾分类的群体中。

（2）日常校园生活落实垃圾分类。每个学生在校学习期间会产生许多生活垃圾，要严格落实垃圾分类，首先要发扬勤俭节约的精神，不仅要从投弃环节做起，更应从消费环节做起。例如学习过程中节约用纸，做到多次使用，物尽其用；在食堂就餐时，根据自身所需购买，不铺张浪费，减少厨余垃圾。

垃圾分类是日常工作，而不是应急工作，需要日复一日坚持。每个学生都从自身做起，从现在做起，认真落实垃圾分类的相关措施，做垃圾分类的倡导者、引领者，全社会的垃圾分类工作才能行稳致远。

**资料链接**

### 日本的垃圾分类特点及做法

日本是比较早实行垃圾分类的国家，其垃圾分类的特点有以下几点。

一是分类精细，回收及时。最大分类有可燃物、不可燃物、资源类、粗大类、有害类，这几类再细分为若干子项目，每个子项目又可分为孙项目，以此类推。可燃类：简单讲就是可以燃烧的，但不包括塑料、橡胶制品，一般剩菜剩饭和一些可燃的生活垃圾都属于可燃垃圾。资源类：报纸、书籍、塑料饮料瓶、玻璃饮料瓶。不可燃类：废旧小家电（电水壶、收录音机）、衣物、玩具、陶瓷制品、铁质容器。粗大类：大的家具、大型电器（电视机、空调）、自行车。有害类：电池、医用垃圾、对人身体有害的物质。

横滨市把垃圾类别由原来的五类细分为十类，并给每个市民发了长达27页的手册，其条款有518项之多。试看几例：口红属可燃物，但用完的口红管属小金属物；水壶属金属物，但12英寸以下属小金属物，12英寸以上则属大废弃物；袜子，若为一只属可燃物，若为两只并且"没被穿破、左右脚搭配"则属旧衣料；领带也属旧衣料，但前提是"洗过、晾干"。不过，这与德岛县上胜町相比，那就是小巫见大巫了。胜町已把垃圾细分到44类，并计划到2020年实现"零垃圾"的目标。

在回收方面，有的社区摆放着一排分类垃圾箱，有的没有垃圾箱而是规定在每周特定时间把特定垃圾袋放在特定地点，由专人及时拉走。例如在东京都港区，每周三、六上午收可燃垃圾，周一上午收不可燃垃圾，周二上午收资源垃圾。很多社区规定早8点之前扔垃圾，有的则放宽到中午，但都是当天就拉走，不致污染环境或引来害虫和乌鸦。

二是管理到位，措施得当。外国人到日本后，要到居住地政府进行登记，这时往往就会领到当地有关扔垃圾的规定。当你入住出租房时，房东也许在交付钥匙的同时就一并交予扔垃圾规定。有的行政区年底会给居民送上来年的日历，上面一些日期上标有黄、绿、蓝等颜色，下方说明每一颜色代表哪天可以扔何种垃圾。在一些公共场所，也往往会看到一排垃圾箱，分别写着：纸杯、可燃物、塑料类，每个垃圾箱上还写有日文、英文、中文和韩文。

三是人人自觉，认真细致。养成良好习惯，非一日之功。日本的儿童从小就从家长和学校那里受到正确处理垃圾的教育。日本居民扔垃圾真可谓一丝不苟，非常严格：废旧报纸和书本要捆得非常整齐，有水分的垃圾要控干水分，锋利的物品要用纸包好，用过的喷雾罐要扎一个孔以防出现爆炸。

四是废物利用，节能环保。分类垃圾被专人回收后，报纸被送到造纸厂，用以生产再生纸，很多日本人以名片上印有"使用再生纸"为荣；饮料容器被分别送到相关工厂，成为再生资源；废弃电器被送到专门公司分解处理；可燃垃圾燃烧后可作为肥料；不可燃垃圾经过压缩无毒化处理后可作为填海造田的原料。日本商品的包装盒上就已注明了其属于哪类垃圾，牛奶盒上甚至还有这样的提示：要洗净、拆开、晾干、折叠以后再扔。

在垃圾分类方面，日本走在了世界前列。20世纪60年代的严重环境污染"逼"出了日本一流的环保技术，70年代深刻的石油危机又促成了最好的节能技术。

### （二）做低碳校园的践行者

低碳校园（Low Carbon Campus），原是指校园里提倡的无纸化教学，即减少教学过程中对纸质书本的使用，加大电子化教学的力度，从而达到环保的目的。当前，人们将低碳校园的含义延伸至减少浪费和消耗等社会应有的道德准则领域。科学研究表明，生产和消费过程中出现的过量碳排放是形成气候问题的重要因素之一，因而，要减少碳排放就必须优化和约束某些消费行为和生产活动。作为新时代的建设者，每个学生应当努力使自己成为低碳校园生活的践行者。当前，绿色低碳的校园建设，对每一位在校学生提出了新的更高要求，大家若要成为低碳校园践行者必须做到以下三个方面：

（1）牢固树立低碳意识，人人争做低碳标兵，处处体现低碳文化，时时参与低碳行动。

（2）养成低碳习惯。低碳并不遥远，举手投足皆可为之。节约用电、节约用水、节约用纸、节约粮食是低碳；爱护树木、不践踏草坪，讲究卫生、不乱丢杂物，健康出行，少乘机动车，也是低碳；不用一次性用品、少用塑料袋、不买不必要的物品更是低碳。

（3）积极参加学校组织的"校园低碳生活日"活动，以实际行动支持低碳绿色校园建设。

 案例展示

低碳校园，我是行动者倡议书

尊敬的老师 亲爱的同学们：

大家好！

我们现在所吃的食物、用的纸巾以及家具等大多数来源于大自然，但大自然的资源是有限的。人们过度放牧、过度捕捞、砍伐森林不仅污染环境，还使生态环境遭到严重破坏。地球是我们共同的家园，因此我们应倡导低碳生活。低碳生活就是指在不影响生活质量的前提下，尽量减少生活和工作中耗用的能量，从而降低碳的排放量，达到减少大气污染、减缓生态恶化的目的。践行低碳生活首先应做到以下几点：

（1）夏天用空调时，不要长时间开着，用几个小时后就关掉，再开电风扇。

（2）在冰箱内放食物时，食物的量以占容积的80%为宜，用塑料盒盛水制冰后放入冷藏室，这样能延长停机时间、减少开机时间。

（3）暂时不用电脑时，启用"睡眠"模式，适当降低显示器的亮度。

（4）重复使用纸张，双面打印，尽可能多发电子邮件。

（5）自备水壶，少喝装瓶水。

（6）购物时用环保袋，尽量不用塑料袋。

（7）尽量选择步行、骑自行车或乘公交车，节能减排。

（8）尽量少乘电梯，多爬楼梯。

（9）用节能灯替换白炽灯。

（10）多用永久性的筷子、饭盒，尽量避免使用一次性餐具。

## 二、维护校园公共环境

对学生而言，校园公共环境是学习生活的主要公共场所，校园公共环境的好

坏直接关系到学生的日常生活和学习质量。同时，校园公共环境作为外部因素，还会影响学生的思维方式和行为习惯的养成。对学校而言，校园公共环境是学校对外宣传的一张名片，影响学校的形象定位。为了构建一个良好的校园公共环境，每个学生应从小事做起，从身边的事做起，重点当好校园秩序的维护者和无烟校园的监督者。

### （一）做校园秩序的维护者

秩序是指有条理地、有组织地安排各构成部分以求达到正常的运转或良好的外观状态。校园秩序主要指教学、生活和学习秩序以及学校的安全稳定。校园秩序的维护是学院管理的重要内容，它不仅是学校正常运行的基本条件，也是教书育人的根本保证。因此，每个学生既是校园秩序的维护者，也是校园秩序的受益者。维护校园秩序就是维护自身学习生活的良好环境，每个学生要争做校园秩序的维护者，必须将规则意识和劳动意识有机结合，通过自己的辛勤劳动守护学校的规则、维护校园环境。具体来说，每个学生必须遵守校园管理制度，爱护校园公共设施，维护校园正常秩序；讲究文明礼貌，公共卫生；团结同学，关心集体，热爱劳动；创造整洁、优美、安静、安全的学习和生活环境。

### （二）做无烟校园的监督者

吸烟严重危害健康，控制吸烟是人类维护健康所必须采取的重要行动之一。倡导无烟环境是公民健康教育的重要部分。国务院于 2019 年 7 月印发的《健康中国行动（2019—2030 年）》提出如下目标，即 2022 年 15 岁以上人群吸烟率要降低 24.5%，全面无烟法规保护的人口比例要达到 30% 以上。当前，在校学生吸烟比例呈上升趋势，要维护校园公共环境，必须在学校公共场所实现全面禁烟。每个学生必须做到如下两个方面：

（1）牢固树立"消除烟害，人人有责"的观念。要以身作则，主动控烟；拒吸第一支烟，不做吸烟的新一代，努力营造不吸烟的良好环境；自觉拒绝烟草，远离烟草危害。

（2）积极参与创建无烟校园宣传活动，广泛宣传吸烟有害健康的卫生知识，自觉遵守公共场所禁止吸烟的规定，主动带头不吸烟，并劝阻和监督他人不吸烟。"禁止吸烟，控制烟害"是绿色校园的体现，更是现代文明的体现。

### （三）做校园卫生环境的保护者

校园公共卫生环境是一个学校的窗口，直观地反映了学校的精神风貌，体现了学校的文化氛围。洁净、舒适、安全的校园环境不仅是我们学习生活的需要，而且是陶冶情操的需要，营造优良的校园环境是每个人的神圣职责。学生在校生活的轨迹基本上是寝室、教室和食堂三点一线。如果说寝室是我们居住的私人生活区域，那其他区域就是我们所接触的校园公共环境。作为学校的一员，维护校园公共卫生环境是我们参与校园活动必不可少的责任。为此，每个学生要努力做到如下两个方面：

（1）从我做起，规范日常行为，传播环境保护理念。爱护花草树木设施，不使用污染环境的产品，特别是不使用一次性碗筷；勤俭节约，珍惜校园内的各种资源，不要在校园附近焚烧垃圾、树叶等物体；乐于"弯腰"，看到地面垃圾随手清理，做有环保意识的拾荒者。

（2）参与校园卫生环境的营造，成为绿色校园的创造者。构建绿色校园首先要做到绿化校园，每个学生可参与日常校园植树造林活动，通过自己的行动为校园增添绿色生机。另外，参与校园公共区域卫生打扫，通过劳动提升自己的环境保护意识。

## 拓展平台

**1. 课程实践：树立正确劳动观　争做合格大学生**

（1）活动口号：树立正确劳动观 争做合格大学生。

（2）参与人员：学校相关部门 全体学生。

（3）活动目标：通过活动，大学生确立以下正确的劳动观念：无论从事什么工作，凡辛勤劳动者都是光荣的，都应当受到大家和社会的尊重；正确对待劳动的问题，是树立正确的世界观、人生观、价值观的具体体现；实施学生保洁校园

这一举措，可以培养大学生的劳动意识，培养吃苦耐劳和团队协作等精神。大学生要以主人翁的态度对待劳动和从事劳动，发挥劳动的积极性、主动性和创造性，为将来的就业、创业、走向美好人生打下坚实的基础。劳动有利于素质的培养；劳动是一种心灵的满足；劳动是快乐的；劳动是一种社会实践；劳动构建和谐校园；劳动能培养出合格的职业人。

（4）活动内容：个人形象设计大赛、寝室美化大赛、公共区域卫生大比拼、"劳动最光荣、劳动最美丽"手抄报比赛。

### 2. 阅读思考

【背景材料】

武汉科技大学汽车学院车辆专业学生王洋在寝室阳台收衣服，却发现黑色裤子里有个鸟窝。王洋这才想起来，这裤子已经挂在外面两周没管了。对王洋同学的遭遇，男大学生们普遍表示理解。同学李杰表示："我都是至少攒一个月洗一次袜子，最多的一次，我一天洗了四十多双袜子。"（《楚天都市报》）

洗衣服等简单的家务，是人生社会实践中的"第一课"。然而，有的大学生，脏衣服几天洗一次，有的一天洗40多双袜子，有的两周不收衣服，鸟儿在裤子内做窝，称他们为"最懒大学生"，并不为过。一项问卷调查显示，对于生活自理问题，近六成大学生表示，平时都是父母帮忙完成，表明多数大学生"生活不能自理"。

【问题思考】

结合材料，谈谈大学生如何通过劳动提升自我日常生活能力。

实践篇

第五章

# 立足之要：
## 劳动教育与教学活动相结合

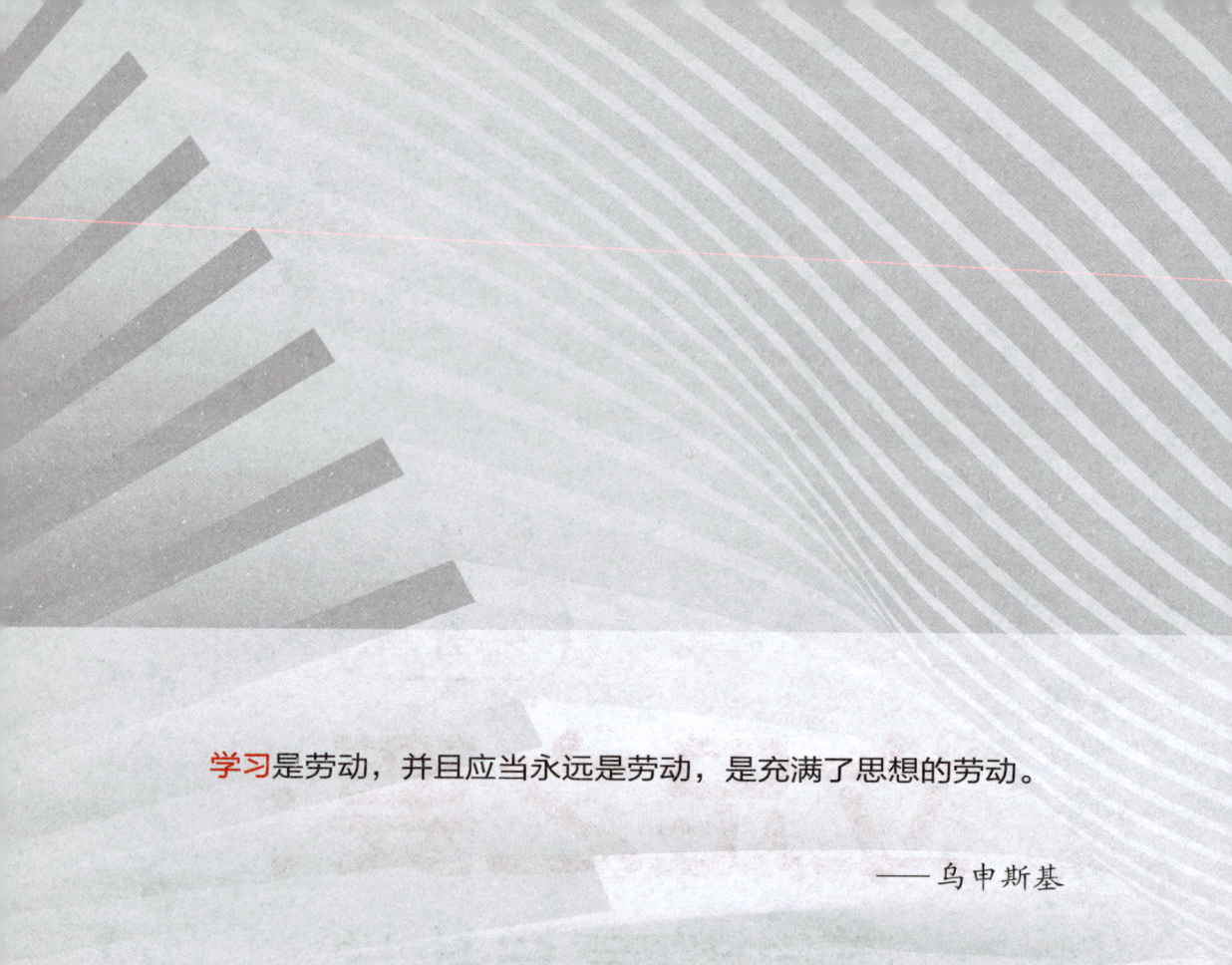

**学习**是劳动,并且应当永远是劳动,是充满了思想的劳动。

—— 乌申斯基

## 教学目标

- ☑ 了解劳动教育必修课性质、内容和基本要求。
- ☑ 熟悉校内实训的性质任务、目的要求和注意事项。
- ☑ 明确顶岗实习的性质、任务和纪律要求。

## 知识导图

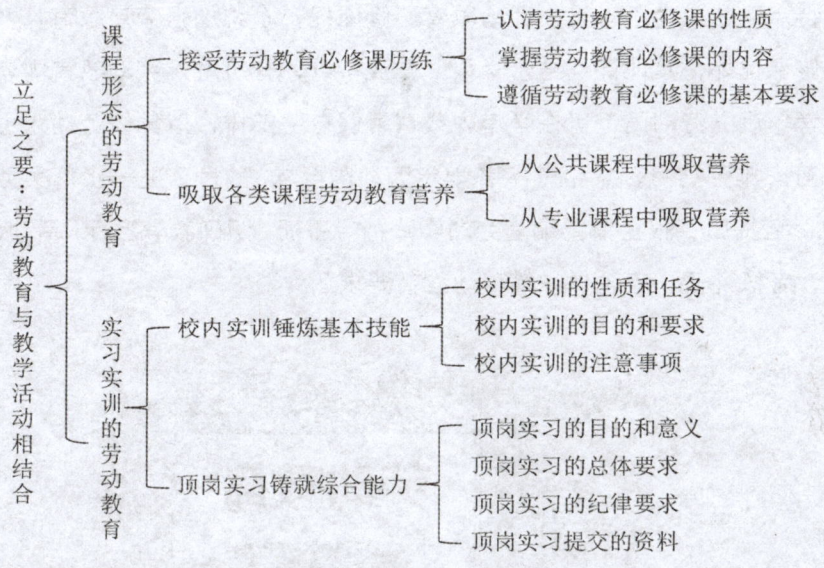

## 知识标签

劳动教育必修课、课程劳育、实习实训、顶岗实习

## 情景导入

近年来,一些青少年中出现了不珍惜劳动成果、不想劳动、不会劳动的现象,劳动的独特育人价值在一定程度上被忽视,劳动教育正被淡化、弱化。针对这种情况,2020年3月20日,中共中央、国务院印发了《关于全面加强新时代大中小学劳动教育的意见》(以下简称《意见》),要求全党全社会必须高度重视,采取有效措施切实加强劳动教育。《意见》指出:"整体优化学校课程设置,将劳动教育纳入中小学国家课程方案和职业院校、普通高等学校人才培养方案,形成具有综合性、实践性、开放性、针对性的劳动教育课程体系。"《意见》同时要求"根据各学段特点,在大中小学设立劳动教育必修课程,系统加强劳动教育"。"除劳动教育必修课程外,其他课程结合学科、专业特点,有机融入劳动教育内容。大中小学每学年设立劳动周,可在学年内或寒暑假自主安排,以集体劳动为主。高等学校也可安排劳动月,集中落实各学年劳动周要求。"为了进一步落实劳动教育,《意见》还提出"根据需要编写劳动实践指导手册,明确教学目标、活动设计、工具使用、考核评价、安全保护等劳动教育要求"。

千千万万种劳动共同创造了我们的美好生活,社会上的每个人也都在各自不同的岗位上服务人民、贡献社会。作为高职院校的学生,我们的学习在某种意义上也可以被视为一种特殊形式的劳动。这种劳动,不仅是我们当下正在进行的知识积累、技能训练、人格修养等方面的努力,更是为将来从事真正的社会劳动实践进行准备。为了把自己打造成为一名新时代合格的劳动者,我们要刻苦学习专业知识,熟练掌握专业技能,准备好未来劳动所必需的品格与能力。

## 第一节 课程形态的劳动教育

劳动教育对高职院校学生来讲尤为重要,每一位教师都肩负着劳动教育的职责,每一门课程均具有劳动教育的功能。从课程内涵来讲,课程形态的劳动教育包含劳动教育必修课和课程劳育两个方面:劳动教育必修课是学校专门开设的为实现劳动教育目标的显性课程;课程劳育则是指通过主动挖掘各类课程的劳动教育元素,采取融入、渗透形式,对学生进行劳动价值观的熏陶和引导,是一种隐性灌输的教育活动,旨在实现将劳动教育贯穿人才培养全过程[①]。

### 一、接受劳动教育必修课历练

有关劳动教育必修课的认识,有许多不同的理解,高职院校在其课程具体实施过程中做法也各有不同,但基本形成了较为一致的看法:

(1)从劳动教育的目的看,高职院校劳动教育必修课有别于中小学劳动教育,它强调学生在爱劳动、会劳动的同时,还应懂劳动,即"明劳动之理"。

(2)从劳动教育的内容看,高职院校劳动教育必修课应包含理论教学和实践教学两部分。

(3)从劳动教育的形式看,高职院校劳动教育必修课可以采用专题宣讲、实地调研、劳动周(劳动月)等集体劳动方式。

#### (一)认清劳动教育必修课的性质

所谓劳动教育必修课是以理论教学和劳动实践为载体,通过专题宣讲、实地调研、劳动周(劳动月)等集体劳动的方式,侧重弘扬劳动精神、劳模精神和工匠精神,帮助学生树立正确的劳动观念,端正劳动态度,学习劳动技能,

---

① 雷世平,乐乐. 高职院校"课程劳育"的内涵、价值意蕴及实施路径[J]. 职业技术教育,2020(10):13-17.

养成爱劳动、守秩序、讲文明的良好习惯，是一门实践性很强的公共和必修课程。

1. 课程目标

高职学生通过劳动教育必修课的学习和实践，逐步树立正确的劳动观念，端正劳动态度，崇尚劳动、尊重劳动，懂得劳动最光荣、劳动最崇高、劳动最伟大、劳动最美丽。掌握劳动技能，增强团结协作精神，传承吃苦耐劳、艰苦奋斗和珍惜劳动成果的优良品质，树立正确的世界观、人生观和价值观，促进德、智、体、美、劳全面发展。

2. 课程课时

按照《意见》要求，高职院校劳动教育必修课必须列入各专业人才培养方案。课程可以安排在学生入学第一年进行，学生参加以班级为单位组织的劳动教育理论学习和集体劳动实践周，共计 40～64 学时。其中，劳动教育理论学习部分，有关劳动精神、劳模精神、工匠精神等专题教育不少于 16 学时；劳动实践周如以 1 周计算则为 26 学时，其中必要技能培训不少于 4 学时。

3. 课程学分

劳动教育课总学时为 40～64，计 2.5～4 学分（按教育部文件，每 16 学时计 1 学分），以此类推。学生个人修满课时、达到理论考试和实践考核标准，并且劳动态度端正、遵守劳动纪律、劳动效果明显，结合个人平时行为习惯评定课程成绩，60 分及以上为及格，未达到 60 分应重新修读，学生所获学分、成绩计入个人学籍档案。

4. 课程管理

学校应成立劳动教育课课程建设工作领导小组，一般由党委书记任组长，主管教学副院长任副组长，成员由学校相关部门负责人组成，领导小组下设办公室，主要统筹协调劳动教育课课程建设，出台相关政策措施，解决劳动教育课实施过程中的重大问题，做好督促落实。学校还应专门组建劳动教育教研室，具体负责劳动教育课的组织实施和学生劳动教育成绩的综合评定。健全和完善劳动教育课管理制度，明确劳动教育课教师与岗位指导教师的工作职责，加强对学生劳动过程的全面指导，规范劳动教育课的过程管理。健全劳动教育"三维"评价方式，突出以学生劳动态度和劳动任务完成情况为主要内容的考核评价指标体系，为课程的组织实施提供基本的制度规范。

### （二）掌握劳动教育必修课的内容

#### 1. 理论教育课程内容

（1）劳动通识：包括劳动法律、劳动关系、劳动经济、劳动社会保障、劳动安全、职业卫生等与劳动相关的知识，着力提升高职学生的劳动文化素养。

（2）劳动精神：每一位劳动者为创造美好生活而在劳动过程秉持的劳动态度、劳动理念及其展现出的劳动精神风貌。弘扬劳动精神，提倡通过诚实劳动来实现人生的梦想、改变自己的命运。

（3）工匠精神：每一位不甘于平庸的劳动者在平凡的工作中不断对自己提出更高的要求，并不断自我超越、自我提升、自我完善，始终追求做更好的自己时所表现出的工作态度、工作境界、工作习惯以及整体工作精神面貌。可以概括为：对产品精雕细琢、精益求精、追求卓越，并不断创新的精神理念。组织学生观看《大国工匠》等电视纪录片，或参与采访工匠、体验工匠、师从工匠等教育主题实践活动，使工匠精神从体验转化为行动力量。

（4）劳模精神：劳动模范身上体现的"爱岗敬业、争创一流，艰苦奋斗、勇于创新，淡泊名利、甘于奉献"的精神。其中，爱岗敬业是本分，争创一流是追求，艰苦奋斗是作风，勇于创新是使命，淡泊名利是境界，甘于奉献是修为。设立"劳模大讲堂"，开展"劳模进班级"等主题团日活动，让劳模走到学生身边，为学生讲述成长经历、分享人生阅历。

#### 2. 实践教育课程内容

（1）劳保工具的使用与管理。学生在校园劳动实践过程中，主要用到的劳动工具有大、小扫把，面板平拖把，簸箕等。大扫把又称为竹扫把，由毛竹捆扎而成，扫把又长又宽，清扫面积大，特别适合在室外等空旷区域作业。小扫把又称作扫帚，室内外清扫均适合。目前室内常用的是塑料扫把，塑料扫把不起尘、不挂毛、弹性好，而且美观大方，使用寿命长。与扫把搭配使用的是簸箕，一般用扫把扫垃圾，用簸箕收存垃圾。要保持光洁地面的整洁干净，除了使用扫帚和簸箕清扫地面残渣、灰尘等颗粒状垃圾,还需要使用拖把来清扫地面。

劳动工具应做到统一使用、统一管理。学生在劳动过程中必须按照划定的区域岗位劳动要求使用规定的劳动工具,同时做好劳动工具的保管与维护。未经他人许可,严禁擅自动用他人劳动工具。不得私自将劳动工具带回宿舍或带出校园,不得将自己的工具转给他人使用。所有劳动工具发放和回收都应做好相应记录,劳动工具管理部门应做好工具损耗情况的统计,针对不同情况,组织修复或申请报废处理。

(2)校园环境的清洁。劳动实践教育课程主要是学生以劳动周的形式,完成校园区域内的清扫卫生、整理物品、优化环境等劳动工作。校园环境主要包括以下区域:教学楼,主要包括楼内各教室和走廊、楼梯、露台、休闲场所、公共卫生间及周边等区域;实训楼,主要包括楼内各实验实训室、走廊、楼梯、露台、休闲场所、公共卫生间及周边等区域;活动中心和图书馆,主要包括活动中心和图书馆各活动室、藏书室、阅览室、走廊、礼堂、露台、报告厅、休闲场所、公共卫生间,各类办公室、资料室及周边等区域;道路、广场,道路主要包括校内各机动车主、次干道,人行道和小道等,广场主要有集会广场、休闲广场、运动场、停车场、各类球场等区域;食堂、车库,主要包括校园所有食堂和餐厅,地下人防设施和地下停车库及周边等区域;校内绿化地生态园等,主要包括校园内各区域的绿化地、绿化林,校园湖(池)、果树园、生态园及校园周边等绿化区域。

### (三)遵循劳动教育必修课的基本要求

#### 1. 劳动纪律要求

学生要认真上好劳动理论课,积极参加有关培训,掌握必要的劳动知识和技能以及有关安全注意事项;熟悉劳动的项目、范围、劳动标准和目标要求;劳动过程中,劳动态度要端正,不怕苦,不怕累,按时上下岗,不得迟到、早退、串岗和旷工;服从安排,听从指挥,积极主动完成工作,不消极怠工,完成规定的课时和学分;在劳动期间,要爱惜劳动工具和学校设施,节约用水。

#### 2. 环境卫生要求

室内区域:保持过道、台阶、地面等干净,无积水、无烟头、无各种垃圾;桌面、墙面、天花板、窗户、玻璃和门面保持清洁卫生,无乱张贴张挂,无灰尘和蜘蛛网等。

室外区域：无树叶、烟头等垃圾和杂物堆积，保持室外公共卫生环境干净、整洁。

### 3. 劳动注意事项

清扫学校大门及道路时，注意过往车辆，小心避让；负责打扫各专业教室、实训室时，要注意动作轻缓，防止物品跌落损伤；负责门窗清扫时，注意把门上锁后打扫，以防有人突然推门造成受伤，特别强调不要攀爬窗台打扫；负责擦灯管、电扇、挂画时，除注意摔伤外，还要避免触电，开灯时绝不能擦灯管；负责打扫台阶时，防止踩空、摔伤；打扫中应留意他人，特别使用铁锹等金属劳动工具时，注意别误碰伤他人，以免对他人造成伤害；打扫中杜绝玩耍打闹，防止误碰其他同学，致使自己和他人受伤。

## 二、吸取各类课程劳动教育营养

事实上，劳动教育不仅是要上好劳动教育必修课，如前所述，高职院校学生开展劳动教育，还需要结合所学的各类课程来进行，充分吸收和融汇各类课程的营养，在各类课程学习中感悟劳动，体验劳动，增强诚实劳动意识，积累职业经验，进一步提升就业创业能力，树立正确择业观。

课程劳育怎么做

### （一）从公共课程中吸取营养

#### 1. 语文课程中的劳动情感

大学语文课程中，从春秋时期的《诗经》，到现当代的文学艺术作品，处处体现了对劳动的礼赞。《诗经》名篇《关雎》所礼赞的，正是一位劳动女性的美好———丝浅笑挂在她那红润的脸庞上，一双灵巧的手正在采摘黄灿灿的荇菜，她正轻轻地哼唱着快乐的歌曲……《关雎》中这位采荇菜的少女，她的美就体现在劳作的过程中、体现在勤劳的品质上。而《十亩之田》则勾画了一派清新恬淡的田园风光，抒写了采桑女轻松愉快的劳动心情。"十亩之间兮，桑者闲闲兮，行与子还兮。十亩之外兮，桑者泄泄兮，行与子逝兮。"短短的几行诗句，诗人对劳动和生活本真的热爱便跃然纸上。在"诗仙"李白的名篇《秋浦歌》中，他也这样讴歌劳动之美:"炉火照天地,红星乱紫烟。赧郎明月夜,歌曲动寒川。"通过诗篇,我们可以看到冶炼的炉火熊熊燃烧,红星四溅,紫烟蒸腾,广袤的天地似乎都已被炉火照得通明,冶炼匠人脸庞通红,他们一边劳动,一边唱起慷慨激昂的歌曲,歌声是那么嘹亮、高昂,以至于冰冻的河流都为之激荡……

《秋浦歌》中的冶炼匠人

### 2. 体育课程中的劳动"体魄"

体育课程以身体训练为主要手段,以增强体质、增进健康、提高素养为主要目标,是充实劳动教育内容的重要方式。体育课程根据人体生长发育、技能形成和机能提高等规律帮助学生发展体力、提高身体素质,在学习与锻炼中建构生命认知与身心协调发展,促进人际交往,实现社会化;体育课程蕴含的体育精神注重合作友爱、和睦团结、公平正义、互相协作、天人合一的理念,运用其独特、多样化的教育模式、路径,培养和塑造人。学生在接受体育教学中,不断学习体育知识与技术,通过参加比赛、竞赛和团体活动,不断认识自我、丰富自我、挑战自我,在刻苦训练中磨砺意志,在赛制规则中约束言行,团结协作,提高心理水平,培养出坚强的意志品质,形成独立、正确的自我意识,塑造完善的个体人格,树立自觉的社会规范意识,养成良好的道德行为[①]。

---

① 常益,张姝.健体育魂:大学体育课程的思政教育转向研究[J].体育文化导刊,2018(6):136-141.

### "文明其精神，野蛮其体魄"

1917 年，24 岁的毛泽东同志还在湖南第一师范读书的时候，在《体育之研究》的文章中就提出这样的主张："欲文明其精神，先自野蛮其体魄；苟野蛮其体魄矣，则文明之精神随之。"当时他的一个好友因患病去世，他深感有一个好的身体是多么的重要，于是就开始坚持冬天用冷水擦身、冬泳，下雨天攀登，栉风沐雨，磨炼筋骨。73 岁高龄时，他依然能横渡长江。

大学生日常体育锻炼

### 3. 数学课程中的劳动智慧

高等数学作为一门通识课，学生和教师都极其重视。数学也是一种文化，它的内容、思想、方法和语言是现代文明的重要组成部分。数学语言的简洁、规范、深远和标准，让我们在不知不觉中受到劳动教育的熏陶，在潜移默化中培养高尚的情操。纵观数学的历史发展过程，不可忽略其劳动价值。例如，在讲数列的极限这个知识点时，可以用魏晋时期数学家刘徽的割圆术来引入。刘徽指出："割之弥细，所失弥少，割之又割，以至于不可割，则与圆合体而无所失矣。"刘徽用割圆术将圆周率精确到小数点后三位，南北朝时期的祖冲之在刘徽研究的基础上，将圆周率精确到了小数点后 7 位，这一成就比欧洲人要早一千多年。从数学家刘徽的研究中，我们能感受到他凡事追求卓越与完美的工匠精神，同时也能油然而生一种文化自信。另外，数列的极限 $\lim\limits_{n \to \infty} X_n = A$ 这个符号诠释的是无限接近永远运动的过程。极限就如同我们最起初的理想,不忘初心,砥砺前行,精益求精,无限接近,方得始终。调和级数 $\sum_{n=1}^{\infty}\frac{1}{n}$ 里蕴含着蜗牛精神,蜗牛虽然走得慢,可它不放弃,继续往前走,总会看到希望。

**资料链接**

### 祖冲之与圆周率的故事

祖冲之是世界上第一个把圆周率的准确数值计算到小数点后 7 位数字的人。直到一千年后,这个记录才被阿拉伯数学家阿尔·卡西和法国数学家维叶特所打破。那么,祖冲之是如何取得这样重大的科学成就呢?可以肯定,他的成就是建立在前人研究的基础之上并加以发展的。祖冲之按照刘徽的割圆术之法,设了一个直径为一丈的圆,在圆内切割计算……一直切割到二万四千五百七十六边形,依次求出每个内接正多边形的边长,最后求得直径为一丈的圆周长。要作出这样精密的计算,是一项极为细致而艰巨的脑力劳动。当时,算盘还未出现,人们使用一种叫算筹的木质计算工具,通过对算筹的不同摆法,来表示各种数目。因此祖冲之在计算中只要一有差错,比如算筹被碰偏了或者计算中出现了错误,就只能从头开始。今天,即使用算盘和纸笔来完成这些计算,也不是一件轻而易举的事。让我们想一想,在一千五百多年前的南朝时代,一位中年人在昏暗的油灯下,手中不停地算呀、记呀,还要经常地重新摆放数以万计的算筹,这是一件多么艰辛的事情,而且还需要日复一日地重复这种状态,一个人要是没有极大的毅力,是绝对完不成这项工作的。

祖冲之

### 4. 思政课程中的劳动品质

思想政治理论课是落实立德树人根本任务的关键课程，着重培养学生的政治认同、家国情怀、道德修养、法治意识、文化素养，使广大学生成为爱党、爱国、爱社会主义、爱人民、爱集体的，有理想、有责任、有担当的时代新人。在思想政治理论课程中，学生通过教师讲授分析的一个个生动鲜活的案例，可以看到社会主义建设大潮中广大劳动者爱国奉献、勇于担当、务实进取的精神品质，可以看到广大劳动者在激烈的社会竞争中不断创新、追求卓越的职业信念，可以看到家国情怀在一个个普通劳动者身上的体现。同时可以认识到我国亿万劳动群众是全面建成小康社会的主体力量，促使青年学子对劳动产生崇尚之情，对拼搏奋进的劳动精神产生认同，激发学生进行劳动实践的热情，促使他们形成爱岗敬业、勤奋工作、锐意进取、勇于创造的精神品质。

#### 袁隆平的奋斗故事

我国杂交水稻之父袁隆平出生于1930年，九十几岁高龄的他仍然活跃在科研场上，为我国的水稻研究事业而努力。袁隆平的励志故事充满了奋斗和坚持的色彩，不畏艰难、知难而进是袁隆平院士进行科研的一贯原则。

袁隆平成长的年代，正值日寇的铁蹄践踏中国。年幼的他随父母四处迁徙，尝尽逃难的艰辛。于是他从小就懂了一个道理：弱肉强食。从那时起，他树立了和祖国同呼吸共命运的决心，想为国家发展做点什么。毕业以后，他父亲本来是可以给他安排一个好工作的，但因为决心要改变中国农村贫穷落后的面貌，于是他来到了偏远的湘西农村。在农校教书的日子，他利用课余时间走出课堂，亲自下地研究水稻，像普通农民一样躬耕于田间。

在长期的研究中，偶然的机会，他发现了一株"鹤立鸡群"的稻株，由此灵感一现，萌生了培养杂交水稻的念头。然而袁隆平的设想与传统的经典遗传学相悖，许多权威学者认为他是蚍蜉撼树，根本不可能成功，但是他凭着胆识，下定决心要将自己的想法坚持到底。

为了找到理想中的稻株，他吃了早饭就下田，带着水壶与馒头，一直到下午

4时左右才回来。六七月份的天气,他每天都手拿放大镜,一垄垄、一行行、一穗穗,大海捞针般在稻穗中寻找,汗水在背上结成盐霜,皮肤被晒得黑里透亮,连常年扎在水田里的农民都自叹不如。艰苦的条件和不规律的饮食,让他患上了肠胃病。但正是凭着这种坚韧不拔、勇敢顽强的意志,在勘察了14万余株的稻穗后,经过两年多的试验和研究,他终于写成了令世界震惊的论文《水稻的雄性不孕性》。

"杂交水稻之父"袁隆平

### (二)从专业课程中吸取营养

#### 1. 发现人文社会科学课程的劳动之美

人文社会科学是人文科学与社会科学的统称,有时也被称为哲学社会科学、社会科学、文科等。人文科学,是以人类的精神世界及其沉淀的精神文化为对象的科学;社会科学则是一种以人类社会为研究对象的科学。如果说人文科学主要研究人的观念、精神、情感和价值,即人的主观精神世界及其所积淀下来的精神文化的话,那么社会科学更多的是研究客观的人类社会产生的纷繁复杂的社会现象及其诸多表现,探索和发现人类社会及其诸领域的发展规律。前者常用意义分析和解释学的方法研究微观领域的精神文化现象,涵盖文、史、哲及其衍生出来的美学、宗教学、伦理学、文化学、艺术学等;后者则侧重于运用实证的方法来研究宏观的社会现象,其涵属的科学主要有经济学、社会学、政治学、法学等。

在人文科学类课程中，我们明白，人类的历史，就是劳动的历史。劳动，就像时间海洋里的一艘巨轮，虽历尽惊涛骇浪，却永远向前。正是乘载着这艘巨轮，人类才从荒蛮走向文明。所有的历史古迹、文化艺术，都是这艘巨轮沿途激起的一朵朵美丽的浪花。在历史和哲学类课程学习中，我们应该领会恩格斯曾经在《劳动在从猿到人转变过程中的作用》中提到的："首先是劳动，然后是语言和劳动一起，成了两个最主要的推动力，在它们的影响下，猿的脑髓就逐渐变成了人的脑髓。""劳动和自然界一起才是一切财富的源泉，自然界为劳动提供材料，劳动把材料变为财富。但是劳动还远不止如此，它是整个人类生活的第一个基本条件，而且达到这样的程度，以致我们在某种意义上不得不说：劳动创造了人本身。"

劳动创造历史

在艺术类课程中，我们可以看到中外艺术家创造的大量以劳动、收获为主题的著名作品：《伏尔加河的纤夫》《拾穗者》《在激流中前进》《播种者》《愚公移山》等。劳动本身是平凡的、质朴的，但劳动中总有一种积极向上、激励人心、鼓舞人心的力量。这些伟大的作品不仅是对劳动的某个细节或瞬间的刻画，更是一种对生命意义的体验。另外，作为最古老的艺术形式之一，舞蹈与人类的生产生活息息相关。有人甚至认为，舞蹈最初就可能源于人们的生产劳动。人们通过协调、灵活、富有节奏感与表现力的肢体动作来表现劳动的情景和对劳动者的赞美。

徐悲鸿作品《愚公移山》

《采茶舞曲》

2016年9月，G20杭州峰会期间，我国作为主办国，为世界来宾奉献了一台国际一流的文艺演出——《最忆是杭州》，其中最为灵动、梦幻的节目之一就是反映传统采茶劳动的《采茶舞曲》。在夜色中，翩翩起舞的采茶女令整个西湖都轻盈律动起来。

一群姑娘身扎彩衣，腰系绣花围裙，手持茶篮，口唱《十二月采茶歌》，载歌载舞。一路上山坡，走小路，穿茶丛，双手采茶、拣茶，在采茶归途中欢快地追扑蝴蝶。整个采茶舞以跳跃活泼的乐曲和轻盈优美的舞姿，展现了在风和日丽的茶乡采茶女采茶时的生动情景。

社会科学类课程中，我们主张采用实践性的研究方法，从各种社会现象中寻找发现问题，总结归纳事物发展规律。这一点和劳动教育强调的身体力行、亲身实践的特点不谋而合。例如，在经济学分支学科中，就有专门研究劳动力市场中劳动力供给和劳动力需求各自影响因素以及相互作用关系的劳动经济学，其研究领域包括劳动力供给、劳动力需求、就业、工资、人力资本投资、失业、收入分配等。学生需要了解国内外劳动与社会保障理论及实践的历史和现状，具备运用现代技术手段进行调查分析和实际操作的能力。政治学、社会学、人类学和统计学等诸多社会学科的建立都源于对"人"的重视，使"人"真正回归是社会科学的中心命题，因此，关于劳动的认识是这些课程开展的基础，恩格斯指出，劳动"是整个人类生活的第一个基本条件"。他还认为，手的使用和语言、思维的产生，都是在生产劳动过程中形成和发展的。正是由于劳动，人才得以从动物界中分化出来，劳动创造了人本身。所以说，对于社会科学中"人"的学习和研究必须从劳动进化的角度，用"劳动"这把钥匙才能解惑答疑。

### 2. 探索自然科学类课程的劳动之美

自然科学是研究自然界的物质形态、结构、性质和运动规律的科学，它包括数学、物理学、化学、生物学、天文学等基础科学和医学、农学、气象学、材料学等应用科学，它是人类改造自然的实践经验即生产斗争经验的总结。自然科学课程有着明确操作实践，要求掌握相应的知识要点，掌握技术手段，掌握运用方法、作业流程等，学生接受的教育重点在技术和知识层面，而知识为了技术，最后实现对技术和知识的综合运用，强调"工具理性"。

科学研究的主要任务是寻找自然界各种事物发展变化的基本规律，在探索自然奥秘的过程中发现新事实、新原理、新规律，是一种典型的创造性脑力劳动。它需要研究者在思维过程中应尽量排除主观性的干扰，采用客观、抽象而又逻辑严密的科学思维方法，力图认识客观规律的本来面目。自然科学课程蕴含大量的科学思维和方法，自然科学课程学习很重要一点就是思维方法的学习、训练、掌握和运用。一些思维方法不仅仅从课程、从学科专业的角度是适用的，转移运用到其他方面仍然适用，这符合现代思维科学发展的取向。比如，现代科学思维强调时间成本最省，且正确高效、具可操作性，特别是系统思维、层次思维、极点思维影响巨大。不仅如此，一些自然科学的理论可以逐步运用到社会科学中，比如工程思维，用工程的办法解决社会问题，把复杂的社会问题归结为工程；又比如生态思维，已经广泛运用到社会科学和整个社会运行管理。还有我们一些具体思维方法也运用在日常生活中，比如地质学思维的"以今知古"，量子力学的第一性原理即只用少量基本数据（质子质量、元电荷量、光速等）做量子计算，得出分子结构和物质的性质，这种从问题最基本的组成部分入手，一层层拨开事物表象，探索是否有更好的、可能的解决方案，探求本质，这种思维有很大的新颖性，成为商业领域广泛运用的高效思维方式。可以说科学思维不局限于单一的专业领域，应用于人文社会问题，还可以帮助学生改善思维、学会为人处世的方法[①]。

 资料链接

展开"幻想"的翅膀，培养创新思维

想象力是人类运用储存在大脑中的信息进行综合分析、推断和设想的思维能力。在思维过程中，如果没有想象的参与，思考就发生困难。特别是创造想象，它是由思维调节的。

爱因斯坦说过："想象力比知识更重要，因为知识是有限的，而想象力概括着世界的一切，推动着进步，并且是知识进化的源泉。"爱因斯坦的"狭义相对论"就是从他幼时幻想人跟着光线跑，并能努力赶上它开始的。世界上第一架飞机，就是从人们幻想造出飞鸟的翅膀而开始的。幻想不仅能引导我们发现新的事物，而且还能激发我们进行新的努力、探索和创造性劳动。

青年人爱幻想，幻想是构成创造性想象的准备阶段，今天还在你幻想中的东西，明天就可能出现在你创造性的构思中。

利用科技改变自然的目的是探索顺应人类更好的发展方向，推动人类社会的发展前进，惠及人民群众，为人类本身发展造福。这在自然科学课程上面体现得十分完整和生动，也是自然科学课程践行知行合一、学以致用的目的所在。爱因斯坦有言："我们的问题不能由科学来解决，而只能由人自己来解决。"这反映科学技术归根结底是人类解决社会矛盾，满足自身需求的工具。从科学的社会应用来讲，我们应看到科学对人类发展的巨大推动作用，从而崇尚科学、积极创新，培养科学精神和创新精神，培养良好的学风，扎扎实实掌握科学知识和技能。同时，从科学对社会的巨大支撑作用来讲，广大同学应认识到自身掌握科学知识和技能为人类造福、服务社会的历史责任感和使命感，端正自身的人生价值观，把个人价值和社会价值结合起来，利用科学技术，诚实劳动，为社会做贡献。

---

① 余江涛，王文起，徐晏清等. 专业教师实践"课程思政"的逻辑及其要领——以理工科课程为例 [J]. 学校党建与思想教育，2018（1）：64-66.

 **资料链接**

### 深度自然教育

　　山东千牧泮宫农业科技有限公司位于国际风筝之都——山东潍坊，是寒亭国家现代农业产业园的龙头企业，拥有强大的自然教育师资团队，主要从事自然教育教学、深度自然教育基地平台搭建、自然教育课程开发、自然教育及劳动实践课培训、自然教育管理体系及网络平台服务、研学游学服务、自然教育标准化推进，公司率先提出"大纲自然教育"和"农业深度体验"等概念，并将各学科知识点搬进公司实践基地，将"强基计划"和"劳动必修课"融为一体。

深度自然教育

## 第二节　实习实训的劳动教育

　　"行是知之始，知是行之成。"不管是进行什么样的劳动、从事什么样的工作，知与行都是相辅相成、缺一不可的。这就需要我们在学习专业知识时，不仅要掌握理论基础，更要将理论付诸实践，在做中学、学中做，将从书本上学到的知识在实践中加以验证。学校的实习实训活动，正是为我们提供了这样一个理论与实践相结合的宝贵机会。

# 案例引入

### 渔夫教儿的故事

从前，有一个渔夫有着一流的捕鱼技术，被人们尊称为"渔王"。然而"渔王"年老的时候非常苦恼，因为他的三个儿子的渔技都很平庸。于是，他经常向人诉说心中的苦恼："我真不明白，我捕鱼的技术这么好，我的儿子们为什么这么差？我从他们懂事起就传授捕鱼技术给他们，从最基本的东西教起，告诉他们怎样织网最容易捕捉到鱼，怎样划船最不会惊动鱼，怎样下网最容易请鱼入瓮。他们长大了，我又教他们怎样识潮汐、辨鱼汛……凡是我辛辛苦苦总结出来的经验，我都毫无保留地传授给了他们，可他们的捕鱼技术竟然赶不上普通渔民的儿子！"一位路人听了他的诉说后，问："你一直在手把手地教他们吗？"渔夫说："是的，为了让他们学到一流的捕鱼技术，我教得很仔细也很耐心。"路人又问："他们只是一直跟随着你吗？""是的，为了让他们少走弯路，我一直让他们跟着我学。"路人说："这样说来，你的错误就很明显了。你只给他们传授了技术，却没给他们传授教训。"

确实，作为一位老师，"渔王"可以说是非常尽心尽力，但是为什么他的儿子的捕鱼技术却仍然不高？一个很重要的原因就是他的儿子缺乏独立的实践经验。"纸上得来终觉浅，绝知此事要躬行。"学校与社会早已为我们提供了各式各样的实践机会。在专注课堂学习的同时，我们也特别需要走出教室、走出学校，在实践的广阔天地中得到锻炼。

## 一、校内实训锤炼基本技能

校内实训是高职院校学生在校期间必须完成的专业实践课程，是学生将理论知识与生产实践相结合的途径，是增强学生劳动意识、劳动观念及提升劳动技能的过程。

### （一）校内实训的性质和任务

校内实训是利用校内实训基地对学生进行基本技能训练和专业技能训练，让

学生掌握专业岗位所必须具备的专业基本知识和基本技能，掌握专业设备、仪器的使用方法及操作规范，增强学生的感性认识，提高学生的实际动手能力，培养学生实事求是的科学态度，勇于创新的科学作风，提高学生的职业能力和职业素质，为今后走向工作岗位打下良好的基础。

**两位学生校内实训的体会**

学生 A 的心得：为期两周的化工仿真实训结束了，在实验中我学到了许多经验，这为以后进入岗位实践提供了宝贵的财富。比如，在操作之前做到熟悉工艺流程，熟悉操作设备，熟悉控制系统，熟悉开车规程；分清各个操作流程的顺序；分清阀门开大还是开小；操作切忌大起大落；先低负荷开车达正常后再缓慢提升负荷；建立物料平衡概念等。两周的仿真实验，模拟了许多的具体操作流程，这让我们对各种流程和相关程序有了感性认识，也让我们接触到了企业实际生产的工作流程，将书本知识与实际情况结合，做到学以致用。感谢学校能给我们提供这么好的学习机会！也感谢老师的悉心指导！

化工仿真实训

学生 B 的心得：金工实习有苦也有乐。"故天将降大任于斯人也，必先苦其心志，劳其筋骨，饿其体肤"，方成大任也。这句古人的话用来形容我们的金工实习是再好不过了！经过了车工、钳工、磨工、铸工、铁工等系列工种的磨炼，我们终于完成了这门让人欢喜让人忧的金工实习课程。在这短短两周时间内，我们还进行了刨工、注塑挤塑和热处理等实习操作，都非常有趣。每一个工种都有不同的操作要领和要求，难易程度也不一样。这段时间，虽然每天都要早起，有时中午也来不及睡午觉，挺辛苦，但感受到的那份充实，是什么也替代不了的，而且学到的一些基本技能对我们将来的发展助益良多。

金工实训现场

### （二）校内实训的目的和要求

（1）通过实验实训获得感性知识，验证和加深理解专业基础课程中的基本概念和基本定律。

（2）通过上课讲解和动手实验操作对常用的仪器、设备或职业岗位情境能够选取、调整和熟练使用，提高动手能力。

（3）培养分析问题和解决问题的能力。能根据实训目的和要求，选用合适的仪器设备，准备方案，进行实验实训。能根据实训过程现象，分析问题，查找原因，做出正确的实训结论，写出完整的实训报告。

（4）培养理论联系实际、实事求是的科学态度。

（5）培养安全操作、爱护公物的良好习惯。

（6）培养严肃认真的工作态度、踏实细致的工作作风和团结互助的精神。

### （三）校内实训的注意事项

（1）学生实训前必须统一穿制服（实训服），按规定时间进入实训室，到达指定的工位，未经同意，不得私自调换。

（2）不得穿拖鞋进入实训室，不得携带食物、饮料等进入实训室，不得让无关人员进入实训室，不得在室内喧哗、打闹，不得乱摸乱动有关电器设备。

（3）室内任何电器设备，未经验电，一般视为有电，不准用手触及，任何接、拆线都必须切断电源后方可进行。

（4）设备使用前要认真检查，如发现不安全情况，应停止使用并立即报告老师，以便及时采取措施；电器设备安装检修后，须经检验后方可使用。

（5）操作时，思想要高度集中，操作内容必须符合教学内容，不准做任何与实训无关的事。

（6）要爱护实训工具、仪表、电器设备和公共财物，凡在实训过程中损坏仪器设备者，应主动说明原因并接受检查，填写报废单或损坏情况报告表。

（7）凡因违反管理规定或擅自动用其他仪器设备造成损坏者，由事故人做出书面检查，按情节轻重进行赔偿。

（8）保持实训室整洁，每次实训后要清理工作场所，做好设备清洁和日常维护工作，经教师同意后方可离开。

飞机维修校内实训

## 二、顶岗实习铸就综合能力

顶岗实习是高职院校培养高素质技术技能人才的重要教学环节，是拓宽就业渠道的重要途径。

### （一）顶岗实习的目的和意义

学生通过顶岗实习，巩固已学理论知识，增强感性认识，实现在学习期间与企业、与岗位的零距离接触，掌握基本的专业实践知识和实际操作技能，提高独立工作能力和实践动手能力；通过顶岗实习深入了解企业实际，认识社会，养成爱岗敬业、吃苦耐劳的良好品质和求真务实的工作作风；树立起质量意识、效益意识、竞争意识，培养良好的职业道德和创新精神；提高综合素质，提高自身的就业、择业能力和市场竞争能力；同时，引导学生树立正确的世界观、人生观、价值观和就业观，为就业做好心理准备，为实现毕业与就业零距离过渡奠定良好的基础。

 **资料链接**

**两位学生的顶岗实践体会**

学生 A 的故事：学生 A 是班级的"小小发明家"。他平日最大的爱好就是研究电路，把各种电器拆了再组装。他原来期待通过工学交替，彻底搞清楚一块电表的构造，了解组装、检测、调试过程。但到公司的当天，他就傻眼了，因为给他分配的工作是包装。虽然心理落差很大，但他很快便认真投入到琐碎工作中。后来，他在见习感想中写到了他当时内心的挣扎与收获。他说："我真的好羡慕那些做单板调试、焊接、调试程序的同学，我期望能摸到电表。但我最终在包装流水线上学习、磨炼，在缠胶带、装螺丝、拆箱、装箱、搬东西中切身感受到了生活的不易和不同工种的意义。"

顶岗实习的学生

学生 B 的故事：学生 B 是一个文静内向的男孩。顶岗实习临行前，他心里充满了忐忑，他担心人际交往，担心与老员工相处不来，担心万一出了问题，别人不教他该怎么办？但是一个半月下来，他发现所有的担心都是多余的。因为他不仅与老员工相处得十分融洽，还从他们身上学到了知识、技能和本领。对他来说，顶岗实习最大的收获是克服了对人际交往的恐惧，让他变得更加自信。

顶岗实习是我们成长为合格的、专业的劳动者的重要途径。与工作岗位的零距离接触使我们在深入生产一线的过程中，可以了解更多书本之外的知识、技术、工艺等。生产环节琐碎而繁重的劳动不仅能锻炼我们的动手能力、磨砺我们的坚韧意志，也会使我们真实体会到每一个岗位的责任、辛苦和贡献；与同事、工友的相处则使我们学会更多沟通合作的技巧、做人做事的道理……可以说，顶岗实习是我们在努力成为有智慧、有能力、有担当的劳动者的道路上必不可少的一段宝贵经历。

### （二）顶岗实习的总体要求

（1）顶岗实习是学生的一门必修课程，学生一律不得免修。

（2）顶岗实习原则上安排在第五学期以后进行，时间不少于 20 周。

（3）顶岗实习单位原则上由各系（部）顶岗实习工作管理办公室统一落实。学生可以在最后一学期开学前自行联系顶岗实习单位，但需经系（部）审核批准。

（4）顶岗实习前，所有学生均须由实习单位（无论是学院统一安排的还是学生自行联系的）和学院双方签订《顶岗实习协议书》，明确各自的权利和义务，保障学生顶岗实习安全、顺利地进行。

（5）顶岗实习结束后，所有学生必须按规定时间完成顶岗实习任务，并于规定时间前将所有相关的顶岗实习材料交到校内指导教师处。

### （三）顶岗实习的纪律要求

学生顶岗实习期间，既是学校的学生又是企业的（准）员工，要特别注意遵纪守法、保护自身安全，具体要求如下。

（1）认真做好岗位本职工作，培养独立工作能力；刻苦钻研、提高业务能力，在顶岗实习中努力完成专业技能的学习任务。

（2）服从领导、听从分配，不做损人利己、有损企业形象和学校声誉的事情。

（3）经常保持与学校指导教师和辅导员的联系，至少每半个月要与学院指导教师联系一次，汇报实习情况；密切注意学院教学管理系统和顶岗实习网站上公布的与毕业生有关的各类信息。联系方式和工作地点发生变动时要及时通知学校指导教师和辅导员，并保证提供的联系方式正确有效。

（4）实习学生必须遵守安全管理规定，遵守交通规则，避免安全事故发生。对不遵守安全制度造成的事故，由学生自行负责。因工作不负责造成损失的，必须追究相关责任。

（5）认真做好每周一次的实习工作总结，并及时记录，填写学生顶岗实习周记，见表5-1。

表5-1　学生顶岗实习周记

| 时间 | 年 月 日— 年 月 日　　　编号 |
|---|---|
| 本周工作主要内容 | |
| 工作、学习和生活的主要收获与体会 | （字数不得少于200字） |
| 与指导教师沟通情况 | 本周有无和校内指导教师沟通？□有　□无<br>沟通的具体方式：□现场交流　□电话　□QQ、微信　□其他<br>教师指导的主要内容： |
| 与班主任/辅导员沟通情况 | 本周有无和班主任/辅导员沟通？□有　□无<br>沟通的具体方式：□现场交流　□电话　□QQ、微信　□其他<br>教师指导的主要内容： |
| 其他 | |

（6）每位学生（除非常特殊情况者）必须服从分配，按要求顶岗实习，完成顶岗实习任务。顶岗实习期间，不得私自更换实习单位。如果确因个人特殊情况或实习单位原因需变更实习单位的，要按规定程序办理手续。

（7）在顶岗实习过程中，发生重大问题，学生本人和同单位实习学生应及时向实习单位和校内指导教师报告，指导教师要及时向学院和实习单位双方负责人报告。

### （四）顶岗实习提交的资料

参加顶岗实习的学生须领取《学生顶岗实习手册》，妥善保管并认真完成该手册中规定的项目，指导教师将主要根据《学生顶岗实习手册》为学生评定实习成绩。《学生顶岗实习手册》主要内容有如下几个方面。

（1）毕业顶岗实习鉴定表。由实习单位根据学生实习表现，对学生进行考核评定，作为其实践教学环节成绩，鉴定表须加盖公章，盖章的单位必须与教务处备案的实习单位一致，无公章或单位不一致的均视为顶岗实习成绩不合格。

（2）毕业生对学院教育教学工作评价调查表。毕业生应以社会、企业的要求为标准，根据自身在顶岗实习期间的亲身经历，认真填写调查表，以便学院改进教育、教学、管理和服务等工作。

（3）毕业设计。学生顶岗实习期间需在校内指导教师的指导下完成毕业设计（方案）。设计主题应紧扣自身专业，字数4000～6000字，做到观点明确、逻辑清晰、叙述流畅、结构严谨、理论联系实际。毕业设计必须由学生本人独立完成，不得抄袭或请他人代写，引用部分内容和数据须注明出处。

（4）顶岗实习总结。学生根据顶岗实习情况，结合专业知识，认真书写不少于3000字的总结报告，具体要求由各系（部）自行确定。报告格式要求全校统一。

（5）学生顶岗实习周记。学生每周填写一份周记，周记内容主要是顶岗实习期间工作、学习和生活中的收获与体会，如实反映与校内指导教师和辅导员的交流情况。

安检员顶岗实训

 资料链接

## 《职业学校学生实习管理规定》部分节选

**第一章 总则**

第一条 为规范和加强职业学校学生实习工作，维护学生、学校和实习单位的合法权益，提高技术技能人才培养质量，增强学生社会责任感、创新精神和实践能力，更好服务产业转型升级需要，依据《中华人民共和国教育法》《中华人民共和国职业教育法》《中华人民共和国劳动法》《中华人民共和国安全生产法》《中华人民共和国未成年人保护法》《中华人民共和国职业病防治法》及相关法律法规、规章，制定本规定。

第二条 本规定所指职业学校学生实习，是指实施全日制学历教育的中等职业学校和高等职业学校（以下简称职业学校）学生按照专业培养目标要求和人才培养方案安排，由职业学校安排或者经职业学校批准自行到企（事）业等单位（以下简称实习单位）进行专业技能培养的实践性教育教学活动，包括认识实习、跟岗实习和顶岗实习等形式。

认识实习是指学生由职业学校组织到实习单位参观、观摩和体验，形成对实习单位和相关岗位的初步认识的活动。

跟岗实习是指不具有独立操作能力、不能完全适应实习岗位要求的学生，由职业学校组织到实习单位的相应岗位，在专业人员指导下部分参与实际辅助工作的活动。

顶岗实习是指初步具备实践岗位独立工作能力的学生，到相应实习岗位，相对独立参与实际工作的活动。

第三条 职业学校学生实习是实现职业教育培养目标、增强学生综合能力的基本环节，是教育教学的核心部分，应当科学组织、依法实施，遵循学生成长规律和职业能力形成规律，保护学生合法权益；应当坚持理论与实践相结合，强化校企协同育人，将职业精神养成教育贯穿学生实习全过程，促进职业技能与职业精神高度融合，服务学生全面发展，提高技术技能人才培养质量和就业创业能力。

第四条 地方各级人民政府相关部门应高度重视职业学校学生实习工作，切

实承担责任，结合本地实际制定具体措施鼓励企（事）业等单位接收职业学校学生实习。

**第二章　实习组织**

第五条　教育行政部门负责统筹指导职业学校学生实习工作；职业学校主管部门负责职业学校实习的监督管理。职业学校应将学生跟岗实习、顶岗实习情况报主管部门备案。

第六条　职业学校应当选择合法经营、管理规范、实习设备完备、符合安全生产法律法规要求的实习单位安排学生实习。在确定实习单位前，职业学校应进行实地考察评估并形成书面报告，考察内容应包括：单位资质、诚信状况、管理水平、实习岗位性质和内容、工作时间、工作环境、生活环境以及健康保障、安全防护等方面。

第七条　职业学校应当会同实习单位共同组织实施学生实习。

实习开始前，职业学校应当根据专业人才培养方案，与实习单位共同制订实习计划，明确实习目标、实习任务、必要的实习准备、考核标准等；并开展培训，使学生了解各实习阶段的学习目标、任务和考核标准。

职业学校和实习单位应当分别选派经验丰富、业务素质好、责任心强、安全防范意识高的实习指导教师和专门人员全程指导、共同管理学生实习。

实习岗位应符合专业培养目标要求，与学生所学专业对口或相近。

第八条　学生经本人申请，职业学校同意，可以自行选择顶岗实习单位。对自行选择顶岗实习单位的学生，实习单位应安排专门人员指导学生实习，学生所在职业学校要安排实习指导教师跟踪了解实习情况。

认识实习、跟岗实习由职业学校安排，学生不得自行选择。

第九条　实习单位应当合理确定顶岗实习学生占在岗人数的比例，顶岗实习学生的人数不超过实习单位在岗职工总数的10%，在具体岗位顶岗实习的学生人数不高于同类岗位在岗职工总人数的20%。

任何单位或部门不得干预职业学校正常安排和实施实习计划，不得强制职业学校安排学生到指定单位实习。

第十条　学生在实习单位的实习时间根据专业人才培养方案确定，顶岗实习一般为6个月。支持鼓励职业学校和实习单位合作探索工学交替、多学期、分段式等多种形式的实践性教学改革。

## 拓展平台

**1. 课程实践**

让我们看看以下两则市场招聘信息，或者上网搜索与自己所学专业相关的市场招聘信息。通过对招聘信息进行分析，思考哪些要求是需要我们在学校学习时做好准备的，哪些要求是需要通过实践学习获得的。

（1）维修技工。

1）职位描述：

● 对生产线操作工的紧急援助请求做出迅速反应。

● 能够迅速分析和解决设备故障，必要时寻求控制系统技术人员的支持。

● 必要时协调外部协助。

● 同生产线和工厂管理人员沟通交流故障解决进度。

2）任职资格：

● 具备读懂机械图纸的能力，可根据设计图纸的要求完成释放器的组装工作以及其他工作。

● 具备使用 CAD、Pro/E 等软件的能力。

● 有扎实的电气控制系统知识。

● 有扎实的基础液压和气动、电气设备知识。

● 具备在工作中解决故障和实际问题的能力。

（2）机械工程师。

1）职位描述：

● 负责产品的机械设计、调试、技术支持和服务工作。

● 进行项目的研发与设计。

2）职位要求：

● 具有1年以上机械设计制造方面的工作经验。

● 精通非标机械设计，熟悉机械结构。

- 能熟练使用 SolidWorks、CAD、CAXA 等软件绘制加工装配图纸。
- 具有较强责任心、吃苦耐劳素质、团队合作意识和动手能力。
- 能适应长期出差。

## 2. 阅读思考

【背景材料】

你学的是什么专业？你认为该专业的发展前景如何？你对未来工作有什么期待？现在能做些什么准备呢？阅读以下材料，完成表 5-2。

材料一：专家说，人类从直立行走到 2003 年的四百万年间，一共创造了 5 艾字节（1 艾字节＝10 亿 GB）的信息，这个存储量相当于 50 亿部 1GB 电影。而到了 2010 年，人类每两天就创造了 5 艾字节。再到 2013 年，人类每 10 分钟就创造了 5 艾字节。而今天的我们，每 1 分钟就能创造 5 艾字节。

材料二：2016 年 3 月，阿尔法围棋程序（AlphaGo）与世界围棋冠军、职业九段选手李世石进行围棋人机大战，以 4 比 1 的总比分获胜。2017 年 5 月，在中国乌镇围棋峰会上，它与排名第一的世界围棋冠军柯洁对战，以 3 比 0 的总比分获胜。2017 年 10 月，谷歌开发的终版围棋程序 AlphaGo Zero 能够从空白状态学起，在无任何人类输入的条件下，迅速自学围棋，并以 100 比 0 的战绩击败以往所有版本的 AlphaGo。

材料三：2019 年 1 月 20 日，全球新兴科技峰会"未来工作"板块的圆桌讨论在北京举行。优必选首席产品官高桥智隆、美国金属 3D 打印公司联合创始人约拿·迈尔伯格分别就未来工作的新型业态发表了自己的看法。

**主持人**：请问高桥智隆先生，机器人在消费领域的应用会给我们带来什么？

**高桥智隆**：传统手机加互联网，就变成了智能手机。机器人额外加入了情绪，就可以变成我们的伙伴。我们在浏览网站时会出现推荐板块，但有些时候我们不会去点这些推荐，因为缺乏信赖。但如果是机器人推荐，就会显得比较亲密，会影响我们的选择。

**主持人**：我们今天的主题是未来工作。我想问一下高桥智隆先生，大家已经开始在商店里面使用小机器人了，您觉得这个东西会不会影响服务业呢？

**高桥智隆**：我不是很担心它对服务业有什么负面的影响。目前，使用机器人的效果不是特别好,消费者去买可乐,他的目标其实很明确,所以他不会跟机器人聊天。如果消费者进入商店里面要跟机器人说话,容忍机器人可能会犯的错,而且还要等待机器人回应,到目前为止这不是很现实。也许未来的机器人会更好,但现在还不是特别理想。

**主持人:** 有很多人都在使用AI(人工智能)帮助我们开发新材料,您怎么看呢?

**约拿·迈尔伯格:** 比如说在医药领域,我们在不断地发现新的药物成分,AI其实能够极大地加快寻找速度。再比如说在电池领域,我们也可以使用AI来找到最好的离子产品。我们也希望可以在化学领域找到最好的合金,从而得到更好的使用。

表 5-2　专业情况统计表

| 我的专业 | |
|---|---|
| 专业的发展前景 | |
| 未来的工作设想 | |
| 当前的学习计划 | |

**实践篇**

第六章

# 责任之担:
## 劳动教育与社会实践和公益服务相结合

劳动受人推崇，为社会服务是很受人赞赏的道德理想。

———杜威

# 第六章 责任之担：劳动教育与社会实践和公益服务相结合

## 教学目标

- ☑ 了解一定的劳动法规及劳动安全知识。
- ☑ 掌握兼职、勤工助学、志愿服务、"三下乡"等劳动形态的特点及要求。
- ☑ 能结合学科和专业特点，结合产业新业态与劳动新形态，顺利开展兼职、勤工助学、志愿服务、"三下乡"等服务性劳动。
- ☑ 树立崇尚劳动、热爱劳动的劳动观念，培养吃苦耐劳的劳动品格，增强职业认同感和社会责任感。

## 知识导图

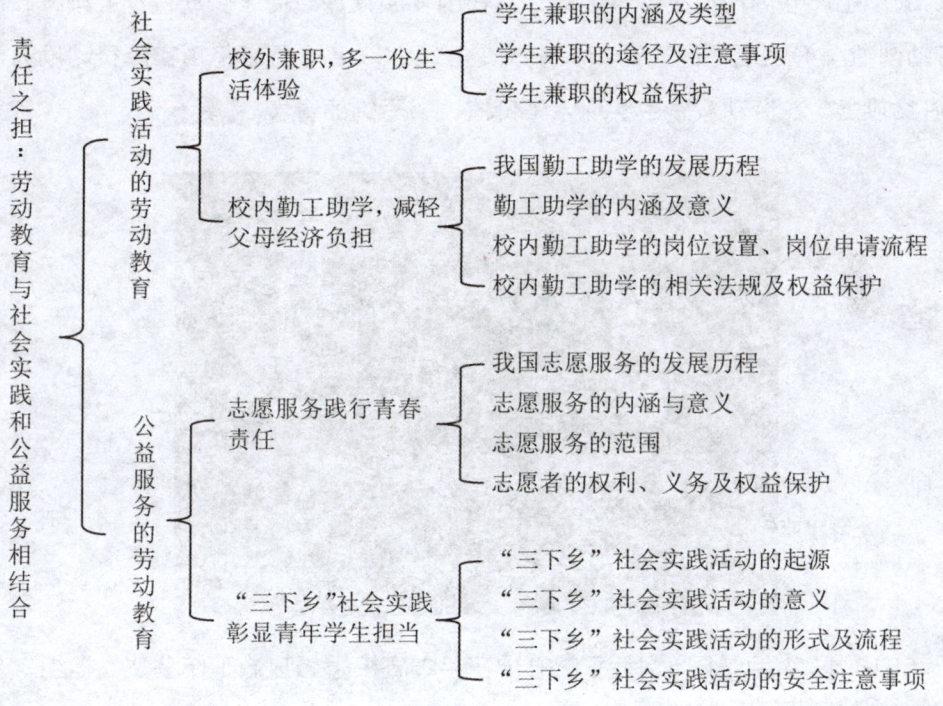

## 知识标签

兼职、勤工助学、公益服务、三下乡

## 情景导入

"做一件终生难忘的事情，默默奉献……"，这是 2020 年湖南省大学生志愿服务西部计划出征仪式上志愿者们的铮铮誓言。2020 年 7 月 23 日上午，伴随着铿锵的宣誓声，2020 年湖南省大学生志愿服务西部计划出征仪式在云端拉开帷幕。志愿者们立誓要践行志愿精神，传播先进文化，为社会进步贡献力量。团省委副书记夏彬华勉励志愿者们拿出"初生牛犊不怕虎"的锐气，做好吃苦的思想准备，把志愿精神转化为强烈的责任感，把参与激情转化为高水平的专业服务，将小我融入国家、人民的大我，努力成长为担当起民族复兴的时代新人。仪式过后，350 名大学生整装待发，赴西部开展志愿服务。随着科技的发展，社会的进步，劳动的现实形态也已经出现了日益多元、融合的态势。无论是体力劳动、脑力劳动、生产性劳动或服务性劳动，时代的发展只是改变了劳动曾经的模样，而"劳动创造美好生活"的真谛却从未改变。这 350 名志愿者将用实际行动助力西部脱贫攻坚，在劳动实践中实现人生价值，书写绚丽青春。

2016 年 12 月 7 日，习近平总书记在全国高校思想政治工作会议上指出，"要重视和加强第二课堂建设，重视实践育人，坚持教育同生产劳动和社会实践相结合，广泛开展各类社会实践，让学生在亲身参与中认识国情、了解社会，受教育、长才干。"社会实践和公益服务是劳动教育的重要途径，高职院校要扎实开展劳动教育，必须将劳动教育融入社会实践和公益服务活动中，通过假期兼职、勤工

助学、志愿服务及其他公益活动等形式，引导学生扎根中国大地，让学生在积极参与社会实践和公益服务活动中，完善自我、服务他人、奉献社会，不断磨炼意志、砥砺品格、厚植家国情怀，为培养德智体美劳全面发展的社会主义建设者和接班人做出新的更大贡献。

## 第一节 社会实践活动的劳动教育

劳动教育具有显著的实践性，必须面向真实的生活世界和职业世界，引导学生在社会实践中，亲历实际的劳动过程，获得有积极意义的价值体验。在校学生可依托校外兼职、校内勤工助学等形式的社会实践活动，接受劳动教育，在丰富生活体验的同时，提高劳动能力，深化对劳动价值的理解，增强职业认同感和劳动自豪感，以及对家庭、对社会的责任感。

### 一、校外兼职，多一份生活体验

劳动教育必须到课堂之外的广阔社会之中去历练、去感受。校外兼职是在校学生参加社会实践活动、接受劳动教育的重要形式。当前，在校学生兼职现象已很普遍，校外兼职已经成为学生了解社会、体验生活、完善自我、服务社会的重要途径。

#### （一）学生兼职的内涵及类型

兼职是指在不脱离原组织的情况下，在劳动者的劳动力没有完全被使用时，利用业余时间从事第二职业并取得一定报酬；或为了达到某种特定目的通过交换，为第三方提供体力或脑力劳动支出。在校学生兼职不同于一般上班族从事的第二职业，它指学生利用课余时间从事某项力所能及的工作，并取得一定报酬的行为。

学生兼职类型相对来说有一定的局限性，与所学专业相关的工作类型较少，多数集中在廉价的体力劳动上，

一般以餐饮服务、发传单、派送、家教、市场调查、会展接待、促销、扮玩偶、摆地摊等工作为主。随着互联网的发展和普及，兼职的平台已经延伸到了网络，微商、淘宝客、自媒体等网络兼职也成为部分学生的选择。无论哪种兼职，涉世未深的学生需要多一份谨慎，兼职前先了解行业的背景及相关资料，提高分辨能力。

### （二）学生兼职的途径及注意事项

#### 1. 学生兼职的途径

学生可以通过以下途径获得兼职。

（1）找人品可靠有经验的熟人（学长、学姐或亲朋好友）介绍。如果熟人有这方面经验或从事过这个项目，人又诚信，有利于你节约时间和费用，便于你了解你想了解的真实情况，也便于用人方了解你的情况。尤其是对于刚入学的新生，信息相对闭塞，用这种方式可以少走弯路，兼职签约要容易些。

（2）通过信誉较好的兼职平台介绍。兼职平台通常资源丰富，提供的兼职项目相对熟人介绍而言要多得多，选择的余地比较大，容易找到适合而又满意的兼职项目。但现在的兼职平台鱼目混珠，很多平台要交一定的中介费用，另外部分兼职平台介绍后也不一定能签约成功，因此选择正规、信誉口碑较好的平台尤为重要，谨防上当受骗。

（3）靠自己去人才市场或企业网站中寻找。很多企业会在人才市场或者官方网站公布兼职岗位需求，可以通过这种途径获得兼职。去人才市场寻找兼职，虽然过程较为辛苦且有一定的风险指数，但从锻炼自身能力的角度看，在寻找过程中难免要与他人打交道，这一过程其实也是锻炼自己沟通交际能力、认识社会的过程。

### 2. 学生兼职的注意事项

在校学生兼职要权衡得失，其中有时间和精力上的支出，也有交通费、通讯费等各种费用成本，为了得偿所愿，要考虑以下几个方面的问题。

（1）兼职的可靠性。找寻兼职时，一定要核实兼职信息可靠与否，以降低风险。如果找中介公司，要看其是不是正规的中介公司；如果是朋友介绍的，一定要向朋友确认信息来源；如果是厂家直接招聘的，对这个厂家则要做一定的了解。

（2）兼职的时间。兼职的时间都是不固定的，在寻找兼职时，要充分考虑兼职时间，以不耽误学习为前提，尽量不要选择周一至周五晚上兼职，那样既不安全，又会影响第二天的学习状态，一般可以选择在周末或者节假日。

（3）离学校的距离。如果是非网络兼职，必须考虑兼职地点距学校的远近。如果可以选择，尽量选择离学校近的。离学校太远，如果学校临时有事不好及时赶回，另外如果下班时间晚了也不安全，同时也会增加交通费。

（4）人身财产安全。现在有些中介公司会以帮助找工作为由，收取一定的中介费。若遇到这种情况，一定要提高警惕，不要轻易给中介费用；不要轻易把自己的身份证等重要物件交给中介或用人方；在薪水支付上要和用人方达成一致，最好签订书面协议，以保证自己的利益不受侵害。另外，如果在具有一定危险性的行业企业兼职，如矿山开采、建筑施工等，要提高安全意识；对伴随工作的安全隐患要有正确认识，注意防范，确保人身安全。

**七大兼职陷阱**

（1）骗中介费：社会上一些中介机构，名义上为大学生提供兼职机会，但实际上是骗中介费。

（2）收押金：一些用人单位在招人时，往往会变向收取一定的押金或者收取身份证、学生证作为抵押物。

（3）交保证金：一些不法单位在招聘时，往往会以优于市场的报酬来吸引涉世不深的大学生，要求职者先交一定的保证金或者其他一些费用。

（4）骗培训费：一些单位要求应聘大学生先培训后上岗，这点要求看似无可厚非，但是如果培训费要自己掏腰包的时候，就要小心了，很多大学生在付完培训费后连培训班都没有上，再联系单位就已经联系不到了。

（5）拖欠费用：一些不法单位先以高薪诱惑大学生做兼职，等做完以后，大学生却迟迟领不到报酬。

（6）骗色：这点女大学生千万要注意，一般类似KTV工作、侍者、伴游等有可能是不正当交易，女大学生千万要擦亮眼睛，不要以身试险。

大学生兼职陷阱的识别与防范

（7）传销骗人：以世界五百强的名义招聘销售人员，前提是要去外地经过1~2个月的培训后方能入职。一旦到达了所谓的"培训地点"，就掉进了骗子的陷阱。

### （三）学生兼职的权益保护

在校学生渴望通过兼职参与社会实践，在劳动实践中接受劳动教育。但因社会经验不足，法律意识和维权意识薄弱，再加上与之相关的劳动法律法规不健全等原因，其在兼职过程中上当受骗或权益受损的现象屡屡出现，因此，学生必须重视兼职权益的保护。

**1. 学生兼职权益受损的典型表现**

（1）工资被拖欠、克扣。有些用人单位不按时给学生发放工资，以各种理由搪塞拖延；有些用人单位虽不拖欠，但对学生提出不合理的工作要求，以其无法完成为由克扣工资；或者中介机构与用人单位串通从中抽走学生的劳动报酬。

（2）劳动时间被无故延长。部分用人单位将兼职大学生视为廉价劳动力，要求其超时加班工作，却不支付加班费用，严重侵害学生的人身权利。

（3）被恶意欺诈。部分用人单位发布虚假招聘信息，甚至联合中介恶意欺诈大学生，骗其缴纳大额中介费、押金，却不提供职位，甚至携款潜逃。

（4）被无故辞退。学生兼职时大多未签订劳动合同，导致用人单位钻法律空子，随意解除与兼职学生的用工关系，而不受法律制裁。

（5）兼职环境不受重视。部分招聘单位为兼职学生设置条件恶劣、体力过重的岗位工作，甚至以高薪欺骗学生从事低端服务性兼职活动，对其身心健康造成危害。

（6）人身安全缺乏保障。由于学生兼职不属于就业，且从事兼职的学生与用人单位的关系也并非劳动关系，大部分用人单位不会为其购买劳动保险，一旦兼职过程中遭遇意外伤害，人身安全得不到有效保障。

### 2. 学生兼职的权益保护

现有的法律制度并没有对兼职大学生的身份及劳动权益保护措施作出明确规定，但了解相关法律知识，有利于维护自身的利益，能在自己的权益受到侵害时采取适当的方式减少损失。

（1）了解相关法律规定。《宪法》第四十二条规定："中华人民共和国公民有劳动的权利和义务。"《劳动法》第四十三条规定：用人单位不得违反本法规定延长劳动者的工作时间。《劳动合同法》第七条规定：用人单位自用工之日起即与劳动者建立劳动关系。第十条规定：建立劳动关系，应当订立书面劳动合同。已建立劳动关系，未同时订立书面劳动合同的，应当自用工之日起一个月内订立书面劳动合同。第六十八条规定：非全日制用工，是指以小时计酬为主，劳动者在同一用人单位一般平均每日工作时间不超过四小时，每周工作时间累计不超过二十四小时的用工形式。第七十条规定：非全日制用工双方当事人不得约定试用期。第七十二条规定：非全日制用工小时计酬标准不得低于用人单位所在地人民政府规定的最低小时工资标准。非全日制用工劳动报酬结算支付周期最长不得超过十五日。

（2）明确兼职学生与用人主体之间的法律关系。高职学生兼职是否在劳动法保护范畴内，要根据兼职学生与用人主体之间的法律关系是劳务关系还是劳动关系来确定。对于未与用工单位建立劳动关系的兼职学生而言，由于不存在劳动关系，因此不能寻求劳动法上的救济，是否存在劳动关系的争议属于劳动争议范畴，高职学生也可以申请劳动争议仲裁；即使其确立劳动关系的申请被依法驳回，其还可以基于民法上的劳务关系，向用工单位主张劳务报酬，在用工单位拒不支付的情况下，可以基于实习协议或者劳务协议向人民法院申请支付令或者提起民事诉讼。

**资料链接**

### 劳务关系不等于劳动关系

劳务关系与劳动关系虽一字之差，但在法律上却迥然不同，现实中容易将两者混淆。为了更好地保护兼职大学生的合法权益，弄清两者的区别，明确兼职大学生与用人主体之间的法律关系，显得尤为重要。

劳务关系是平等的民事主体之间，一方按约定向另一方提供有偿劳动，而另一方享受劳动成果并向其支付约定报酬的权利义务关系。从主体上看，双方是平等主体之间的合同关系，劳动者提供劳务服务，用人单位支付劳务报酬，无需提供保险、福利等待遇，不存在人身隶属关系；从法律关系上看，双方的法律关系基于民事法律规范成立，所产生的只有违约或侵权等民事责任，无行政责任。劳务关系纠纷是平等主体之间在履行合同中所产生的纠纷，应适用《民法通则》和《合同法》进行规范和调整。

劳动关系是指用人单位招用劳动者为其成员，劳动者在用人单位的管理下，提供由用人单位支付报酬的劳

动而产生的权利义务关系。从主体上看,用人单位与劳动者双方地位不平等,为了更好地保护劳动者的合法权益,《劳动合同法》以强制性法律规范规定了用人单位的各项义务,如各类保险金的缴纳、最低工资、最高工时、保障劳动者的劳动安全与卫生等强制性义务。劳动关系纠纷是用人单位与劳动者在劳动过程中的纠纷,受《劳动法》和《劳动合同法》规范调整。

(3)提高自我保护意识和维权意识。兼职学生应该知法守法用法,加强自我保护意识以及维权意识,用法律武器维护自己权益。具体表现在:首先,选择诚实有信用的用人单位,进行平等、自愿和等价有偿的兼职,以保障自己的权益不受损害。其次,要注重对用人单位主体资格的辨别。对于无主体资格的用人单位,权益受损的概率较大,是否要去兼职则要仔细衡量。有无合法营业执照是判断用人单位是否具有主体资格最简便的方法,另外还可核实是否依法核准登记,是否有公开的字号、固定的住所,经营范围是否合法等。最后,要签订书面协议。书面协议在高职学生兼职权益保护中意义重大,它不仅明确了双方的权利和义务,而且在维权过程中是最有利的证据。如若用人单位不愿签订书面协议,则要注意保留能证明与用人单位发生劳动关系的凭证,如工资条、考勤表、工作服等。一旦用人单位有侵权或违约行为,应立即向有关部门反映,以保证自己的合法权益不受侵害。

## 二、校内勤工助学,减轻父母经济负担

勤工助学是指学生在学校组织下利用课余时间,通过劳动取得合法报酬,用于改善学习和生活条件的社会实践活动。中华人民共和国成立以来,勤工助学以教育与生产劳动相结合为主线,将原有"勤工俭学"内涵更新成"勤工助学",并经历了从"无偿劳动,获取精神收获",到"济困"为主,再到"济困与成才相结合的社会实践"为主的变化。勤工助学作为劳动和劳动教育的重要途径,全程育人、全方位育人的有效平台,对培养学生劳动精神,增强学生社会实践能力、促进学生成长具有重要的意义。

### （一）我国勤工助学的发展历程

我国勤工助学以教育与生产劳动相结合为主线，将原有"勤工俭学"内涵更新成"勤工助学"，大致经历了以下三个阶段。

**1. 第一阶段：建国初期至20世纪70年代末以"无偿劳动，获取精神收获"为主**

这一时期，勤工助学主要以"参加社会主义劳动"的形式体现，为培养"德、智、体、美、劳全面发展的劳动者"服务。在当时，劳动技术课的开设及劳动基地的创建，为勤工助学工作的开展创造了条件。勤工助学在培养学生劳动技能，树立学生热爱劳动、勤俭节约的观念等方面有着重要贡献。

**2. 第二阶段：20世纪80年代初至90年代初以"济困"为主**

随着改革开放的深入，教育改革已成为历史必然。1985年，高等学校废除"铁饭碗"，实行由"助"改"奖"，通过勤工助学解决生活困难成为家庭贫困学生的现实需要。1990年国家教委颁布的《普通高等学校学生管理规定》中明确指出：学校提倡和支持学生开展勤工助学活动，并对勤工助学的目的、内涵、范围、时间等有明确的要求，勤工助学逐步走上了有序发展的轨道。

**3. 第三阶段：1992年至今以"济困与成才相结合的社会实践"为主**

1992年，高校首次尝试改免费入学为缴费入学。为了配合缴费制度的改革，1993年9月，当时的国家教委、财政部联合发文，要求高校把勤工助学作为"改革的配套措施"和"学校重要的常规工作"认真对待。1994年，国家教委颁布了《关于进一步做好高等学校勤工助学工作的通知》，要求将勤工助学作为学生社会实践的重要方式和高校学生工作的重要内容，有组织地实施，逐步做到制度化、规范化。2005年，共青团中央、教育部又联合下发《关于进一步做好大学生勤工助学的意见》，明确指出"要挖掘校内勤工助学岗位，拓展校外勤工助学资源，强化管理体制，健全管理机构，完善管理办法，加大专项投入，维护学生权益，建立长效机制"。进一步指明了高校勤工助学工作的基本方向。2007年，教育部、财政部又联合下发《高等学校勤工助学管理办法》，对学校职责、勤工助学管理服务组织职责、校内外岗位设置、勤工助学酬金标准与支付以及学生安全等问题作了明确规定。2018年，教育部、财政部对2007年下发的《高等学校学生勤工助学管理办法》进行了修订，新修订的《高等学校学生勤工助学管理办法》对规范管理高校学生勤工助学工作，促进勤工助学活动健康、有序开展，保障学生合法权益，发挥勤工助学育人功能，培养学生自立自强、创新创业精神，增强学生社会实践能力发挥了重要作用。

### （二）勤工助学的内涵及意义

#### 1. 勤工助学的内涵

随着社会的发展及对人才需求规格的提升，越来越多的学生把勤工助学作为主动适应社会、参与社会实践、提升综合素质的有效手段。勤工助学顺应时代发展注入了更多的内涵，完成了从纯粹"经济功能"到"人的全面发展教育功能"的转变。具体表现在以下几个方面。

（1）功能上由解困助学向助困育人发展。高校勤工助学最初目的是以"工"助"学"，缓解家庭贫困学生的经济压力。随着社会发展、高等教育体制的改革及社会对复合型人才的需求，勤工助学将扶困与扶智、扶困与扶志结合起来，增强了学生的社会实践能力，发挥了勤工助学、资助育人功效，形成"解困—育人—成才—回馈"的良性循环。

（2）对象上由家庭贫困学生向全体学生发展。以前高校勤工助学的参加对象主要局限于家庭经济困难学生。随着勤工助学活动的深入发展，勤工助学活动的多重功能逐渐获得高校师生的广泛认同，一些非贫困学生从实践锻炼的角度出发，主动加入勤工助学活动行列，参加勤工助学的对象逐渐面向全体学生。

（3）类型上由普通型向专业型发展。高校在开展勤工助学活动的过程中更加注重开发学生智力，发挥专业特色和优势，提高人才培养质量，学生参加勤工助学活动由主要从事劳务型、服务型、事务型工作岗位逐渐向从事智力型、专业技术型、管理型工作岗位转变，实现了专业学习、能力培养和经济资助三者的有机统一。

（4）形式上由个体自发向集体组织发展。学生以往参加勤工助学往往呈现自发性、分散性特点，存在一定的安全隐患，合法权益容易受到侵害。高校勤工助学管理相对规范后，普遍建立了统一的管理和服务机构，确定了详细的管理规定和运行机制，同时注重勤工助学基地建设，积极拓展勤工助学市场，使勤工助学有了更加广阔的发展空间，为学生创造了良好的勤工助学环境。

### 2. 勤工助学的意义

勤工助学作为教育事业的重要组成部分，不仅能够帮助贫困学生完成学业，而且对提高大学生工作能力，锤炼大学生思想品格等有着积极的意义。

（1）减轻父母的经济负担。大学生已是成人，承担着家庭和社会的责任。大学生在勤工助学过程中，通过自身劳动获得报酬，可以缓解家庭的经济压力，为父母分忧，这是勤工助学最直接的现实意义。

（2）锤炼学生的思想品格。学生通过勤工助学，能感受生活的艰辛，体会自立自强的真正内涵，懂得责任与担当，明白感恩与奉献，有利于学生树立正确的人生观、价值观和世界观。在长期的勤工助学实践中，能够培养学生的自我约束能力、劳动意识和职业道德。

（3）提高学生的综合素质。学生通过勤工助学实践活动，其学习能力、社会能力及内省能力都得到进一步提高，为将来走向社会打下坚实的基础。

（4）增强学生创新创业能力。勤工助学引导带动学生从课堂到课外，从学校到企业，开阔了视野，容易迸发出创新想法和创业激情，创新创业能力大大提升。

（5）提升学生的就业能力。勤工助学能够不断提升大学生的组织管理能力和待人处事能力，使大学生的职业素质和职业能力全方位提升，帮助他们储备优质就业和自主创业所需要的身心素质和技能。

## （三）校内勤工助学的岗位设置、岗位申请流程

2018年，教育部、财政部修订的《高等学校学生勤工助学管理办法》对校内勤工助学岗位设置、岗位申请流程等出台了原则性规定。每个学校可依据实际进行具体的规定。

### 1. 校内勤工助学岗位设置

勤工助学岗位分固定岗位和临时岗位，固定岗位是指持续一个学期以上的长期性岗位和寒暑假期间的连续性岗位；临时岗位是指不具有长期性，通过一次或几次勤工助学活动即可完成任务的工作岗位。校内勤工助学岗位一般是由学校统

一安排，以校内公共服务类岗位为主。勤工助学岗位既要满足学生需求，又要保证学生不因参加勤工助学而影响学习。学生参加勤工助学的时间原则上每周不超过 8 小时，每月不超过 40 小时。

**2. 校内勤工助学岗位申请流程**

学生进行校内勤工助学，需要提交岗位申请，只有审核通过才能上岗。校内勤工助学岗位申请流程一般如下图所示，具体情况各高校会稍有不同。

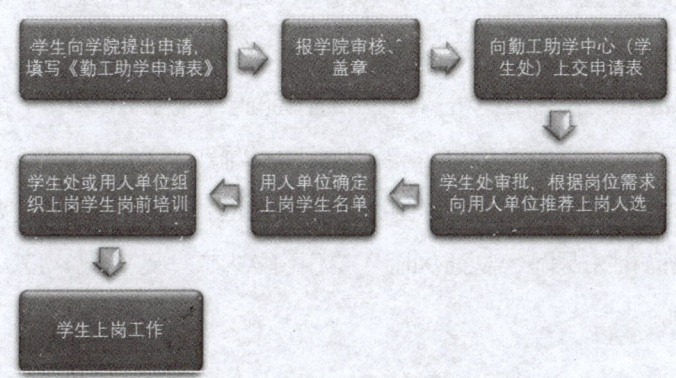

校内勤工助学岗位申请流程

**（四）校内勤工助学的相关法规及权益保护**

长期以来，我国大学生勤工助学保障体系并不健全，相关法律法规中，少有对大学生勤工助学权益保护的规定。虽然校内勤工助学风险小，但了解相关法律法规，可以防范权益受侵，更好地维护自身的合法权益。

大学生勤工助学是否受劳动法保护

《中华人民共和国高等教育法》第五十六条规定：高等学校的学生在课余时间可以参加社会服务和勤工助学活动，但不得影响学业任务的完成。高等学校应当对学生的社会服务和勤工助学活动给予鼓励和支持，并进行引导和管理。1995 年，劳动部颁布的《关于贯彻执行若干问题的意见》第十二条规定：在校生利用业余时间勤工助学，不视为就业，未建立劳动关系，可以不签订劳动合同。2005 年，共青团中央和教育部联合颁布的《关于进一步做好大学生勤工助学工作的意见》明确指出：倡导和组织大学生在课余时间通过参加勤工助学活动获取合法报酬，是贯彻教育与生产劳动相结合、推进素质教育全面实施、加强和改进大学生思想政治教育的重要举措。2007年，财政部和教育部联合制定的《高等学校学生勤工助学管理办法》第六条规定：勤工助学活动由高校统一组织管理，其他单位和个人，未经学校学生资助管理机构同意，不得擅自聘用在校生，学生私自在校外打工的行为，不在本办法规定之列。2018年9月，修订后的《高等学校勤工助学管理办法》明确规定：大学生参加校内勤工助学临时岗位的时薪，从2007年的不低于8元/小时提高到不低于12元/小时。

在开展校内勤工助学活动时，学生及用人单位须遵守国家及学校勤工助学相关管理规定。为保护自身的合法权益，学生在进行校内勤工助学前，应当与学校的学生勤工助学管理服务组织签订协议书，明确学校、用人单位和学生等各方的权利和义务、意外伤害事故的处理办法以及争议解决方法。在勤工助学活动中，若出现协议纠纷或学生意外伤害事故，协议各方应按照签订的协议协商解决（鼓励购买劳动教育相关保险，规避风险）。如不能达成一致意见，按照有关法律法规的程序办理。

## 第二节 公益服务的劳动教育

2020年7月，教育部印发《大中小学劳动教育指导纲要（试行）》，对各学段劳动教育的目标和内容做出了明确规定，提出职业院校要组织学生定期开展校内外公益服务性劳动，做好校园环境秩序维护，运用专业技能为社会、为他人提供相关公益服务，培育社会公德，厚植爱国爱民的情怀。公益服务是开展劳动教育的重要载体，大学生作为志愿者是公益服务的主力军，大学生在公益服务中近距离了解社会，将所学知识技能有机融入现实生活，端正了劳动态度，树立了劳动精神，提升了劳动技能和实践动手能力，在公益服务中彰显了新时代青年学生的责任与担当。

### 一、志愿服务践行青春责任

志愿服务是指志愿者、志愿服务组织和其他组织自愿、无偿向社会或者他人提供的公益服务。志愿服务是大学生投身社会实践，在实践中接受锻炼、成长成才的重要方式。以自己的时间、知识、技能、体力等从事志愿服务的自然人称为志愿者（也称"义工"）；以开展志愿服务为宗旨的非营利性组织称为志愿服务组织。志愿服务本身就是教育人、引导人、培养人、塑造人的过程，大学生在"关爱他人、关爱社会、关爱自然"等志愿服务活动中，观察社会、了解民意，以高度的社会责任感、崇高的奉献精神，向社会展示了当代青年崭新的精神风貌。

### （一）我国志愿服务的发展历程

我国的志愿服务活动既受西方志愿精神的影响，也是中华传统慈善文化的延续与复苏。从发展历程上看，大致经历了五个阶段。

#### 1. 第一阶段：志愿服务的萌芽与初创阶段（1949—1980年）

中华人民共和国成立后，随着社会主义制度的建立，与之相适应的社会公益动员体系也应运而生。1955年8月，北京市组织了第一支青年志愿垦荒队，数万名青年踊跃报名，自愿到边远地区开荒种田，这是建国后最早的有组织的公益活动，也是当代青年志愿活动的萌芽。1963年3月5日，毛泽东发出"向雷锋同志学习"的号召，在全国掀起了"学雷锋"活动热潮，进入60年代后，学雷锋活动成为公众参与志愿活动最主要的表现形式。

#### 2. 第二阶段：志愿服务组织初步建立阶段（1981—1990年）

改革开放后，学雷锋活动虽然仍是公众参与志愿活动的主要形式，但是开始受到西方志愿服务理念以及实践的影响，本土化的志愿组织开始兴起。例如，1987年广州市诞生了全国第一条志愿者服务热线电话；1989年3月18日天津市和平区新兴街朝阳里居委会成立了第一个社区志愿者协会；1990年深圳市诞生了全国第一个正式注册的"义务工作者联合会"。

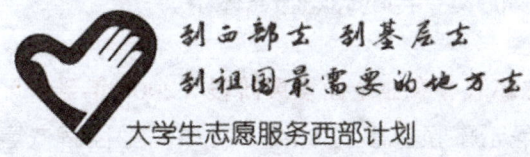

大学生志愿服务西部计划

### 3. 第三阶段：全国性志愿服务组织体系形成阶段（1991—2000年）

首先，全国各个系统的志愿服务组织开始建立，1993年12月，铁路系统率先打出了青年志愿者的旗号，开展志愿服务活动。1994年12月5日，中国青年志愿者协会成立，这是我国最早促进志愿服务事业发展的全国性社会团体；1998年底，团中央青年志愿者行动指导中心（团中央青年志愿者工作部）正式成立，负责规划、协调和指导全国青年志愿者工作。20世纪90年代后期，许多行业性志愿者协会也陆续建立起来，并开展各种类型的志愿服务活动，如红十字志愿工作委员会、无偿献血志愿者协会等。其次，1994年第一个民间环保志愿服务组织——自然之友成立。再次，在志愿服务法制化建设方面，1999年8月5日，广东省颁布了第一部关于志愿服务的地方性法规——《广东省青年志愿服务条例》，标志着志愿服务法制化进程的开启。

### 4. 第四阶段：志愿服务项目国际化与本土化同步发展阶段（2001—2007年）

伴随改革开放的深化，志愿服务的国际化影响以及本土化呈现出深化发展趋势。首先，2001年是"国际志愿者年"，外经贸部、共青团中央发起成立了"2001国际志愿者年委员会"，作为"国际志愿者年"相关工作的规划、指导和协调机构，并组织开展了一系列庆祝活动；2002年，中国青年志愿者海外服务计划开始实施，一批优秀青年志愿者赴国外开展中长期志愿服务。其次，全国性的重要志愿服务项目开展起来。例如2003年，当时的团中央、教育部、财政部、人事部共同实施了"大学生志愿服务西部计划"；从2000年起，共青团中央等单位先后发起实施了"全面推进中国青年志愿者社区发展计划"；2005年3月民政部成立了"中国社会工作协会社区志愿者工作委员会"，专门负责全国社区志愿服务的组织协调工作。再次，企业与民间组织的志愿服务也发展起来，进而形成了政府主导、企业以及社会民间组织广泛参与的志愿服务体系。

青春在奉献中闪光——大学生志愿服务西部计划

### 5. 第五阶段：志愿服务事业全面发展阶段（2008年至今）

首先，2008年是志愿服务事业发展史上具有里程碑式意义的一年。汶川地震与北京奥运会两个重要事件促进了我国志愿服务的发展。据不完全统计，

2008年累计有超过506万名志愿者参加抗震救灾和灾后重建，170多万志愿者直接服务北京奥运会。"志愿者"与"志愿服务"概念已经逐渐被社会认同，志愿服务不断发展成为一项具有广泛公众基础的社会事业。其次，这个时期的志愿服务组织和志愿服务法律建设也得到了发展。2017年12月1日，国务院发布的《志愿服务条例》正式实施，这是我国第一部关于志愿服务的专门性法规，填补了我国志愿服务领域在国家层面的立法空白。

### （二）志愿服务的内涵与意义

#### 1. 志愿服务的内涵

志愿服务是一种通过志愿精神的启发主动进行无偿社会公益服务的行为。它包含以下几个方面的含义。

（1）志愿服务是一种由内在的精神动力所支持的活动，其精神内核就是无私奉献的志愿精神。志愿服务并不是一种简单的服务工作，它是在志愿精神的感召下，主动地、自觉自为地开展的社会服务工作。因此，志愿服务是出于自愿与自觉的动机，是不受任何外力强迫所开展的活动，是出于志愿者本人的意愿、自觉开展的活动。非强制性是志愿服务区别于职业活动的特点。志愿服务并不是一种用以谋生或营利的职业，它是个体出于奉献社会的意愿开展的社会服务，虽然在服务过程中需要承担社会责任，但它以个体的自愿参与作为基本前提。

（2）志愿服务是一种非营利性的活动。志愿者在志愿服务活动中不收取任何经济上的回报，以不计报酬作为自己服务社会的出发点和落脚点。虽然志愿服务不追求经济报酬，但并不意味着组织的运转不需要资金方面的支持。事实上，现代志愿服务组织和机构要实现发展和维持运转，离不开充足的经费支撑。

（3）志愿服务是一种社会公益服务。志愿者和受助对象之间不是出于友谊或其他私人关系而开展相互帮扶。志愿服务的对象和领域是社会公益活动，但它不仅仅是一种做好事和助人为乐的简单活动，它是一种系统的有组织地、自愿地开展的活动，它是社会建设和社会管理的重要组成部分；它弥补了政府、市场和个人力量的不足，起到了加强国家和个人相互联系的桥梁作用。

### 2. 志愿服务的意义

志愿服务是人类文明的重要标志，是连接不同文明的重要纽带，是精神文明建设的重要内容。志愿服务的意义主要有以下几个方面。

（1）对社会而言，一是传递爱心，传播文明。志愿者在把关怀带给社会的同时，也传递了爱心，传播了文明，这种"爱心"和"文明"从一个人身上传到另一个人身上，最终会汇聚成一股强大的社会暖流。二是有助于建立和谐社会。志愿工作，提供了社交和互相帮助的机会，加强了人与人之间的交往和关怀，降低彼此之间的疏远感，促进社会和谐。三是促进社会进步。社会的进步需要全社会的共同参与和努力。志愿工作正是鼓励越来越多的人参与到服务社会的行列中来，对促进社会进步起到了积极作用。

（2）对志愿者个人而言，一是奉献社会。志愿者通过参与志愿工作，有机会为社会出力，尽一份公民责任和义务。二是丰富生活体验。志愿者利用闲余时间，参与一些有意义的工作和活动，既可扩大自己的生活圈子，更可通过亲身体验加深对社会的认识。三是提供学习机会。志愿者在参与志愿工作的过程中，除了可以帮助他人以外，更可培养自己的组织及领导能力，学习新知识、增强自信心及学会与人相处等。

（3）对服务对象而言，一是接受个人化服务。志愿者服务，提供大量人力资源的同时，更能发挥服务的人性化及全面化的功能，从而让服务对象受益。二是帮助融入社会，增强归属感。通过志愿者服务，能有效地帮助服务对象扩大社交圈子，增强他们对他人、对社会的信心，同时，志愿者以亲切的关怀和鼓励，帮助服务对象减轻接受服务时的自卑感和疏远感，使其建立自尊心和自信心。

### 资料链接

志愿者精神：奉献、友爱、互助、进步

国际志愿者日：12月5日

中国（青年）志愿者服务日：3月5日

中国最大的志愿组织：中国青年志愿者协会

志愿服务"三关爱"：关爱他人、关爱社会、关爱自然

### （三）志愿服务的范围

我国志愿服务的范围非常广泛，涉及教育、科技、文化、卫生、体育、环境保护，以及大型社会活动和其他社会公益事业领域。从服务对象看，有扶贫济困、帮孤助残、青少年服务、助老、拥军优属；从服务项目看，有支教助学、科技推广、法制宣传、抢险救灾、医疗卫生、法律援助、治安防范、环境保护、社会管理；从服务区域看，有社区服务、农村公益事业、西部开发、海外服务、国际组织资助的工作项目。

### （四）志愿者的权利、义务及权益保护

为了保障志愿者的合法权益，鼓励和规范志愿服务，发展志愿服务事业，《中国注册志愿者管理办法》《志愿服务条例》明确规定了志愿者享有的权利、义务及权益保障。

#### 1. 志愿者的权利与义务

志愿者的权利主要有：

（1）参加志愿服务活动。

（2）接受相关的志愿服务培训，获得志愿服务活动真实、必要的信息。

（3）获得从事志愿服务的必需条件和必要保障。

（4）优先获得志愿者组织和其他志愿者提供的服务。

（5）对志愿服务工作提出意见和建议。

（6）相关法律、法规、政策所赋予的权利。

（7）可申请取消注册志愿者身份。

志愿者的义务主要有：

（1）遵守国家法律与法规及团组织、志愿者组织的相关规定。

（2）每名注册志愿者每年参加志愿服务时间累计不少于20小时。

（3）履行志愿服务承诺，传播志愿服务理念。

（4）自觉维护团组织、志愿者组织和志愿者的形象。

（5）自觉维护服务对象的合法权益。

（6）自觉抵制任何以志愿者身份从事的盈利活动或其他违背社会公德的活动（行为）。

（7）履行相关法律与法规及团组织、志愿者组织规定的其他义务。

### 2. 志愿者的权益保护

志愿服务存在风险，有时难免遭遇困难、发生纠纷。《志愿服务条例》明确了志愿服务组织应当为志愿者参与志愿服务活动提供必要的条件，解决志愿者在志愿服务过程中遇到的困难，维护志愿者的合法权益，对于可能发生人身危险的志愿服务应该尽到告知、提醒风险的义务，安排志愿者参与志愿服务活动，应当与其年龄、知识、技能和身体状况相适应，不得要求志愿者从事超出其自身能力的服务。另外，《志愿服务条例》还强调，志愿服务组织安排志愿者参与可能发生人身危险的志愿服务活动前，应当为志愿者购买相应的人身意外伤害保险。这些规定让志愿者没有后顾之忧，也能让更多志愿者参与其中。

如今，各种形式的志愿服务已在学生群体中蔚然成风，志愿服务已成为劳动教育的重要载体。随着学校对劳动教育的日益重视，学生志愿活动也将被赋予新的内涵。

## 二、"三下乡"社会实践彰显青年学生担当

中共中央、国务院发布的《关于全面加强新时代大中小学劳动教育的意见》要求大中小学各类学校把劳动教育纳入人才培养全过程，注重教育实效，实现知行合一。"三下乡"社会实践活动是大学生理论联系实际的重要阵地，是认识国情、了解民生、服务社会的最好窗口。大学生运用所学知识为农村服务，为农民群众服务，对于增强社会责任感和使命感、培养良好的团队精神和合作意识，锤炼劳动品质等，都具有极其重要的意义。

当劳动教育遇上"三下乡"

### （一）"三下乡"社会实践活动的起源

"三下乡"是指文化、科技、卫生"三下乡"，即有关文化、科技、卫生方面

的内容知识在农村普及，促进农村文化、科技、卫生的发展。文化下乡包括：图书、报刊下乡，送戏下乡，电影、电视下乡，开展群众性文化活动；科技下乡包括：科技人员下乡，科技信息下乡，开展科普活动；卫生下乡包括：医务人员下乡，扶持乡村卫生组织，培训农村卫生人员，参与和推动当地合作医疗事业发展。大学生参与"三下乡"社会实践活动，是当年"五四"青年开创的"走向社会，深入民众"的光荣传统的延续，是知识分子同工农群众相结合、教育同生产劳动相结合的一贯方针在新时期的集中体现，是青年学生健康成长、将自身价值与祖国命运紧密相连的必由之路。

20世纪80年代初，团中央首次号召全国大学生在暑期开展"三下乡"社会实践活动。1996年12月，当时的中央宣传部、国家科委、农业部、文化部等十部委联合下发《关于开展文化科技卫生"三下乡"活动的通知》。1997年，"三下乡"活动在全国正式开展。2004年，中共中央、国务院《关于进一步加强和改进大学生思想政治教育的意见》发布后，团中央、教育部于2005年制定了《关于进一步加强和改进大学生社会实践的意见》，提出：文化、科技、卫生"三下乡"和科教、文体、法律、卫生"四进社区"活动，是新形势下大学生参加社会实践的有效载体。要广泛发动大学生利用寒暑假等时间开展"三下乡"和"四进社区"活动。高校要更加主动地与地方沟通，进一步明确实践服务的内容，根据需求选派相关专业的大学生组成团队，为群众办实事、做好事、解难事。当地团组织要在党政领导和支持下，与有关部门协调配合，安排好活动的时间、地点和具体内容。活动所在单位要对大学生的表现作出鉴定。

### （二）"三下乡"社会实践活动的意义

大学生"三下乡"社会实践活动是学生参与社会实践、接受劳动教育的重要形式，对于提升学生的综合素质，推动农村经济社会发展，促进乡村振兴有着重要意义。

#### 1. 磨炼意志，促进大学生综合素质的提高

大学生"三下乡"活动的开展，一方面可磨炼大学生的意志，奉献爱心；另一方面可提高大学生的组织协调、独立思考以及分析解决问题的能力，从而提高大

学生的综合素质，为其将来走上工作岗位打下良好基础。"三下乡"社会实践活动，让大学生直接与普通农民接触，深刻体验农村状况和农民的生活现状，有利于端正大学生思想认识，帮助他们树立艰苦奋斗的思想，克服轻视劳动的偏见，培养他们尊重劳动成果、热爱劳动和尊重劳动人民的情感。大学生在"三下乡"社会实践活动中，集中住宿、一起调研、一起工作，相互照应、同甘共苦，可增强彼此间的团结协作精神，同时，亦可提高其社会活动能力、独立工作能力和社会适应能力。

### 2. 了解国情，增强大学生的社会责任感

大学生长时间生活在校园，难免会对国情认识不够，对政策把握不透。"三下乡"社会实践活动在校园与社会之间架起了一座桥梁，通过这座桥梁，学生可对社会有较深的了解。"三下乡"社会实践活动主要是去农村，即为农村建设服务、为农民群众服务，大学生通过切身实践，去知晓民情和国情，去思考、理解和拥护党的路线、方针、政策。"三下乡"社会实践活动是培养大学生社会责任感的重要途径。丰富多彩的社会实践活动可引导大学生到基层去、到群众中去、到改革和建设的第一线去、到条件艰苦的环境中去，使他们在实践中了解社会，正确认识国情，牢固树立群众观念，培育自觉为人民服务的责任意识，明确自己身上所肩负的历史使命，增强国家主人翁的责任感和使命感。

### 3. 服务农村，传播先进的科学技术和文化知识

大学生"三下乡"社会实践活动是大学生作为一个集体走近农村、服务农村的社会实践活动，它不仅能把党的政策和党的温暖带到农村，把文明新风和民主法制带到农村，同时也能将先进的科学技术和文化知识传播到农村中去，协助培养新型农民，提高农村人口素质，把巨大的农村人口压力转化为人力资源优势，还能帮助农民解决一些生产生活中的实际困难，对于服务"三农"，促进乡村振兴具有非常重要的意义。

## （三）"三下乡"社会实践活动的形式及流程

大学生"三下乡"社会实践活动涉及面广，内容丰富，形式多样。各高校暑期"三下乡"社会实践活动基本上是以支教和调查为主。调查主要包括农业产业结构调整和优化典型调查、农民增收问题调研、农村合作医疗现状调研、新农村

建设中的儿童问题调研、返乡农民工现状调研、社会应急机制调查等。活动可以是单人形式也可以以小组的形式进行，一般来说小组形式更加有利于实践活动的展开和取得成功。

"三下乡"社会实践活动的流程主要有如下步骤：

（1）确定主题。拟定实践主题非常重要，它是整个实践活动的思想指导。好的实践主题必须联系实际，切忌空谈和夸张。

（2）拟定策划方案。根据主题思想拟定详细的活动策划方案，策划方案以书面或电子文档形式拟定。活动策划方案的优劣直接关系到整个活动的成败，它规定了活动的具体内容和活动形式以及各种注意事项等。

（3）提出申请。向所在学校或学院提出书面申请，同时上交活动策划方案并领取"三下乡"社会实践表格。

（4）活动进行过程。

（5）撰写总结。实践结束后，参与人员需对实践活动进行总结，撰写实践总结并上交。实践总结应包括实践者对整个实践活动的基本描述、实践心得以及实践评价。

### （四）"三下乡"社会实践活动的安全注意事项

大学生在"三下乡"社会实践活动中，要提高防范意识，注意安全，确保活动顺利进行。其具体注意事项主要有以下几个方面。

#### 1. 交通安全

（1）乘坐列车或者到长途汽车站内乘坐具有营运资格的汽车，不乘坐黑车。

（2）遵守交通规则，横过道路或通过车流量较大的路段、路口及上下坡时应注意交通安全，尤其是在雷雨天气、夜间等照明不良的情况下。

#### 2. 财产安全

（1）和陌生人接触要提高警惕，不向陌生人泄露自己的身份证号码和家庭联系方式等个人信息。

（2）注意贵重物品的保管和存放；队员之间互相熟悉携带的行李，便于互相照看；上下交通工具、更换住宿地点时注意清点物品，避免遗失；乘坐汽车等交通工具时注意记录车牌号，便于出现问题时查找和联系。

（3）注意防范银行卡犯罪，妥善保管证件，有效证件和银行卡不要放在一处；不携带大量现金，并且尽量不要集中一处存放。

（4）出现异常情况应立即向随队老师反映。

### 3. 住宿安全

（1）应在安全卫生并具有营业许可证的正规宾馆、旅店住宿，住宿需将房门反锁；不轻易给陌生人开门。

（2）注意防火及电器安全，出门须切断充电器等电器电源。

### 4. 实践现场安全

（1）去实践现场，必须保持通讯畅通。实践出行前，学校务必向每位同学强调安全问题的重要性，并在全队范围内就安全问题进行讨论和研究，务必使每一位同学了解实践过程中可能遇到的安全事件以及相应的处理方法；队长或负责人每天活动结束后必须清点队员人数，并确定队员身体健康和财物安全情况，同时通过各种信息渠道，了解实践地点的天气预报等情况，并进行第二天活动的安全准备；队伍应当确保每一位队员了解实践地点或对接单位、政府部门、警方、医疗机构以及接待单位的联系方式。

（2）实践过程中，原则上不允许单个队员脱离实践队伍单独行动；必要情况下，有队员单独行动时，必须向负责人说明事由、前往地点、返回时间，同时确保联络畅通；实践队伍尽量减少夜间外出，尤其禁止队员夜间单独外出；一般情况下，尽量不要让女生单独行动。

（3）一定要提前与前往实践的基地联系好，遵守接待单位的安全要求，在某些有一定危险性的地方参观调研时，应按照接待单位的要求做好安全工作。

（4）不要与任何传销组织、非法组织进行联系，遇到犯罪行为及时报警，不要与坏人硬拼，注意保护自己的人身安全。

### 5. 野外实践安全

（1）注意实践地点的天气、水文和地质情况，了解当地的洪涝灾害和地质灾害高危地区，不要在存在灾害隐患的地点长时间活动，出门须预备雨伞等日常用具。若中途遇到特殊情况（如暴雨、泥石流、极端天气等），立即停止活动，并及时向学校反馈，切忌参加一切无组织的抢险救援活动。

（2）野外活动避免在危险地带活动，严禁参加野外登山、探险活动；严禁实践过程中在河流、湖泊、池塘中游泳；雷雨天气不要站在高处、树下、避雷设施附近，不要接打手机；严禁在野外用火，尤其是森林、草原等高火险地区。

（3）注意防暑降温，尽量随身携带风油精、花露水等物品，注意防范蚊虫叮咬。

### 6. 其他注意事项

（1）各"三下乡"团队根据团队各自行程路线的风险程度，必须选择不同的险种投保。

（2）外出实践务必提前告知父母。

 拓展平台

### 1. 课程实践

徐本禹的支教人生

徐本禹，中共党员，1982 年出生在山东聊城一个贫困的农民家庭。父亲是一名小学民办教师，母亲在家务农。1999 年，徐本禹考入华中农业大学。他端过盘子，扛过书架，做过家教，也受到过许多好心人的帮助。"我一直告诉自己，别人给我一口饭，我一定要还别人一碗肉！"大学四年，徐本禹用自己的奖学金和生活补助资助了 5 名贫困学生。

**放弃公费读研赴贵州支教**

做家教时偶然看到一篇贵州"岩洞小学"的报道，改变了徐本禹的人生轨迹。大三暑假，他和 4 名志愿者来到当时没有通水、没有通电、没有通路的贵州省大方县猫场镇狗吊岩村为民小学支教，原计划两周的支教最后变成了两个月。返回母校后，他却常常接到来自为民小学的信，孩子们的惦念让徐本禹"感到了一种被需要"。

2003 年 7 月，徐本禹高分考上母校公费研究生，但他一直牵挂着贵州的孩子们。经过再三考虑，他决定放弃读研究生的机会，重返贵州支教。华中农业大

学对他的这一决定非常支持,破例为他保留了两年研究生入学资格。

重返贵州后,徐本禹先到为民小学支教一年,接着又来到条件更加艰苦的大水乡大石小学支教一年。

**大山深处孤身支教**

2002年暑假在狗吊岩支教时经历的艰苦,曾让徐本禹觉得"应该不会再有什么困难能压倒自己了"。然而正式支教后,所遇到的困苦还是超过了他的想象。

狗吊岩是一个几乎封闭的"孤岛"。这里不通公路、没有电,更别说电话,寄一封信要跑18公里的崎岖山路。

尽管自己也是苦孩子出身,但是这里的苦还是有些难以承受:粗糙的玉米渣和酸菜汤是一天的主食,缺油少盐,难以下咽,不时还有苍蝇掉进碗里;晚上睡觉时不时有跳蚤和臭虫往身上爬,咬得人浑身是疙瘩,无法入睡。

孤独是支教生活最大的敌人。有时,徐本禹从睡梦中醒来,发现枕巾被泪水打湿了。有一次因为实在"太孤独",徐本禹提前一周跑回了武汉。但他并没有半途而废,"既然做了这个选择,就要坚持到底,不能做一个逃兵"。

后来,徐本禹找到了排解孤寂的方式,比如写信、写日记、去学生家家访。"和学生在一起就会很开心,去家访他们还会给我拿很多好吃的。"徐本禹笑道,"当你的心融入当地,孤独寂寞就会少一些。"

在狗吊岩,徐本禹一周要上六天课,一天上课时间达到了8小时。徐本禹负责五年级一个班,除了教语文、数学外,还要教英语、体育、音乐等。由于信息闭塞,学生不了解外面的任何东西,一篇200多字的文章出现20几个错别字是很正常的现象。

随着时间的流逝,这所岩洞中的小学因为徐本禹的坚持,有了前所未有的活力。"孩子们可以听懂普通话了,甚至可以用半生不熟的普通话与人交流。来上学的学生也多了起来,原来只有140人,现在超过了250人。最重要的变化是唤起了村民对知识的重视。"为民小学的创办者吴道江如是说。

**支教事迹感动中国**

2004年7月,讲述徐本禹贵州山区支教的帖子《两所乡村小学和一个支教者》出现在网络上,顿时引起社会、媒体的强烈关注。这一年,徐本禹作为大学生志愿者的典型,被评为"感动中国"年度人物。

颁奖词说,"如果眼泪是一种财富,徐本禹就是一个富有的人,在过去的一年里,他让我们泪流满面。从繁华的城市,他走进大山深处,用一个刚刚毕业大学生稚嫩的肩膀,扛住了倾颓的教室,扛住了贫穷和孤独,扛起了本来不属于他的责任。徐本禹点亮了火把,刺痛了我们的眼睛。"

在贵州支教期间,徐本禹在漏风的教室里给学生上课

2005年9月,徐本禹结束贵州支教,返回华中农业大学继续研究生的学业。工作后,徐本禹也一直致力于推动青年志愿者工作的开展,鼓励青年志愿者帮助更多的人。

徐本禹的事迹引发全国关注,很多人也把目光聚焦到了贫困学生和改善当地的教学条件上,在好心人的帮助下,当地学校的教学条件发生了翻天覆地的变化。徐本禹带动了一批批青年学子投身支教事业。

本禹志愿服务队

2005年,华中农业大学"本禹志愿服务队"成立。十多年来,"本禹志愿服务队"

志愿者人数超过 45000 名,公益项目涵盖支教、扶贫、环保、关爱特殊群体……志愿服务遍及鄂、黔、滇、闽、冀五省。一届又一届成员接过徐本禹传递的爱心接力棒,将青春挥洒在大山里,为大山里的孩子们插上了希望的翅膀。

### 2. 阅读思考

【背景材料】

大二学生李莎交了 200 元的中介费后,找到一份暑假在某培训机构兼职的工作,双方口头约定 7 月 1 日开始上班,月薪 1000 元。李莎说自己很认真地对待工作,然而在工作一个月后,培训机构只支付 800 元的工资,老板的理由是这个月培训机构放了两天假,李莎没有上班,故扣除 200 元,而在面试时培训机构从未向她提及相关事宜。8 月 29 日,李莎看假期即将结束,就找到老板,提出自己干到 8 月 31 日凑够一个月后便辞职返校。令李莎未曾想到的是,老板当即将她辞退,这个月只给她发了 500 元的工资,她向老板提出质疑,得到的答复是,"突然离开导致培训机构人手不足,急需高薪招工",工作了两个月,从未足额拿到工资。李莎于是找到中介讨说法,中介则说只负责提供工作,双方纠纷要自己解决。因为着急返校,又拿不出工资约定的凭证,李莎最后只得忍气吞声。

【问题思考】

大学生在兼职时,该注意哪些事项?一旦出现纠纷,该如何维护自己的权益?

实践篇

第七章

# 升华之路：
## 劳动教育与创新创业相结合

太平之世无所尚，所尚者工而已；太平之世无所尊，所尊贵者工之创新器而已。

——康有为

## 教学目标

- ☑ 了解创新创业与劳动教育的关系。
- ☑ 掌握创新的内涵、创新能力及构成。
- ☑ 熟知创新的原则、过程和方法。
- ☑ 掌握创业的内涵，具备选择创业方向和认知创业机会的能力。
- ☑ 熟知大学生创业的基本模式。

## 知识导图

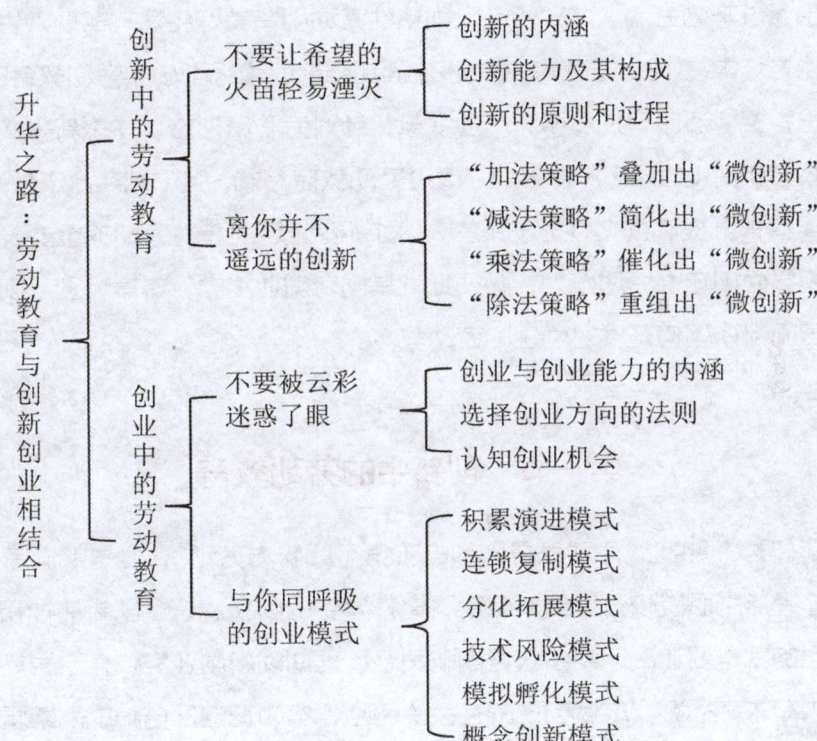

## 知识标签

创新、创业、创新创业教育、劳动教育

## 情景导入

与劳动教育紧密相关，在高校学生课表上，还有一门"创业教育"。教育部办公厅印发的《普通本科学校创业教育教学基本要求》规定，各高校应面向全体学生，单独开设不少于 32 学时的"创业基础"必修课程。

劳动教育和创业教育都要融入人才培养全过程，两者能否有机结合，发挥更好的育人效果？

劳动教育是中国特色社会主义教育制度的重要内容。新时代劳动教育既要助力"以劳动托起中国梦"的伟大实践，培养堪当民族复兴大任的时代新人，也要培养学生通过辛勤劳动、诚实劳动、创造性劳动创造美好生活、实现人生价值的意识与能力。中共中央、国务院《关于全面加强新时代大中小学劳动教育的意见》明确指出，要"适应科技发展和产业变革，针对劳动新形态，注重新兴技术支撑和社会服务新变化，深化产教融合，改进劳动教育方式，强化诚实合法劳动意识，培养科学精神，提高创造性劳动能力"。创新创业是创造性劳动的重要表现，要提高高职学生创造性劳动能力，必须提高其创新创业能力，本章分别从创新、创业两个层面谈谈如何开展对学生的劳动教育。

## 第一节　创新中的劳动教育

创新作为一种实践活动既是劳动的本身（即脑力劳动），也是实施劳动教育的重要途径。高职院校开展创新教育，培养学生的创新意识、创新精神和创新能力，其目的就是要让高职学生获得创新灵感，推动创新创业实践，引导其在创造性劳动中追求幸福感、成就自己的社会责任感，努力把自己培养成高素质创新型技术技能人才。

### 一、不要让希望的火苗轻易湮灭

诺贝尔物理学奖获得者艾伯特·詹奥吉认为，创新就是和别人看同样的东西却能想出不同的事情。创新是一次苦行，多数时候很枯燥，充满艰辛和不确定性。创新无论大小都源于一些小小的"点子"，有时就如同希望的"火苗"，为了让这些"火苗"不轻易湮灭，本节介绍一些创新的相关知识和技巧，以帮助大家开展创新活动。

### （一）创新的内涵

在一般人看来，所谓创新，就是做了别人从来没有做过的事，也就是通常所说的"首创"。但在"大众创业，万众创新"的今天，创新一词却已经被赋予更多含义。目前，我们许多同学对于创新的理解，仅停留在"创新＝首创"的狭隘认知上，以为创新高不可攀。其实不然，创新远没有"首创"那么高大上。为了让大家了解"创新"，我们有必要对新时期的创新做一次全新的解读。

创新，其英文为 Innovation，起源于拉丁语，其包含三层含义：更新老的事物；创造新的东西；改变旧的观念。创新中所指的"事物""东西""观念"，是个很宽泛的概念，例如：猿人的钻木取火（更新老的事物），哥白尼的日心学说（改变旧的观念），手机的应用（创造新的东西）。基于以上理解，我们认为创新是指以现有的思维模式提出有别于常规或常人思路的见解为导向，利用现有的知识和物质条件，在特定环境中，本着理想化需要或为满足社会需求，而改进或创造新的事物、方法、元素、路径、环境，并能获得一定有益效果的行为。

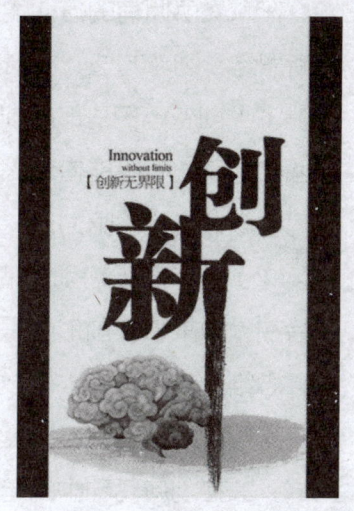

以前，我们为什么会认为"创新＝首创"，是因为伟大的创新者本人与他所取得的成就可以画上等号。例如：蔡伦之于造纸、毕昇之于印刷、莱特兄弟之于飞机，等等。在历史教科书中，我们能很容易地知道谁发明了电话，谁发明了电报等。但新时期的创新，绝非如此。随着时代的前进，教育的普及程度越来越高，任何个体都有可能参与到创新中来。创新活动在任何时间、任何地点都有可能发生。譬如，谁发明了电视、空调、微波炉、吸尘器等新事物呢？这些新事物在刚出现时，也是属于创新。但在新时期的创新行为中，创新者本人的名字越来越模糊，只会留下他们共同创新的事物。

创新，让我揭开你神秘的面纱

今天，创新已经超出了"首创"的范围，其创新方式也已经从以个人能力为主的单点突破式行为，演绎成了资源整合型的团队协作方式。

### （二）创新能力及其构成

创新能力人人皆有，但现实的情况，只有少数人在创新，而创新的人中能取得成功的更是少之又少。其中关键原因不在创新能力缺乏，而在于个人创新能力是否得到释放。

所谓创新能力，是指在具体解决现实矛盾和问题的过程中，提供最新的有社会需求的劳动产品、服务产品和精神产品，满足人们幸福生活目标追求需要的能力。在人类所拥有的各种能力中，创新能力属于最高层次。创新能力由创新意识、创新思维、创新方法、创新意志和创新环境五部分组成。

（1）创新意识是形成创新能力的基础，也是创新活动的内在动力。没有意识层面的活跃，就不能带动人主动进行创新实践活动。创新意识是创新主体开展创新活动最根本的内驱力。

（2）创新思维在创新活动中起关键作用。思维是头脑感性认识的抽象表达，它会在人做某事之前形成思维框架，从而支配着人的整个实践活动。在实践活动中，思维通常会告诉人们做某事的目的、方法、意义等。所以，人的各种实践活动离不开思维并且受其控制。创新思维是超越现有旧思维或思想惯性的一种思维方式，其在创新活动中的指导作用不言而喻。

（3）创新方法是创新能力的核心部分，是创新能力的具体表现，是创新活动得以实现的方式和步骤。创新方法是创新能力高低的决定因素，直接影响着创新活动的结果，创新方法是否得当，从创新成果角度观察便一目了然。

（4）创新意志是创新活动中解决问题、克服难题、跨越障碍过程的心理活动。创新意志影响着创新活动的进程。创新活动不可能一帆风顺，经常会遇到问题和困难，要正确面对挫折与困难，创新意志的重要性就会显现。顽强的创新意志会在此时发挥其正能量作用，帮助创新主体克服困难，完成创新活动，反之则会使创新活动功亏一篑。

（5）创新环境是影响创新能力的外在因素。创新能力的形成除了有创新主体的主观因素影响，也受外部环境因素制约。良好的外部环境有利于形成积极的创新氛围，对创新思维的形成会有增益的作用，但运用不善也会产生安逸心理影响创新；恶劣的环境氛围通过个体的消极应对方式对创新活动产生不利的影响。

### （三）创新的原则和过程

对于外部世界来说，创新是一项直观的社会实践，而对于创新者个人来说，创新又是一段曲折的心路历程。没有人生来就是创新者，也不是所有奇思妙想都能视为创新。如果不掌握正确的法则及规范的流程，创新活动很有可能误入歧途，创新的希望"火苗"就可能熄灭。

我能加入创新大军吗？

#### 1. 创新的基本法则

创新的基本法则，又称创新的基本原则，是依据创新思维的特点，对人们所进行的无数创新活动的经验性总结，又是对客观所反映的众多创新规律的综合归纳。创新原则能为人们更好地认识创新活动、运用创新方法、解决创新问题提供条件。创新的基本法则主要有以下三种。

（1）由浅入深的法则。现代管理学之父彼得·德鲁克曾表示："有效创新都从小处开始，而并非宏伟壮阔。"当下的任何岗位、任何事物，都是经历数次分化后存下来的，都有不可替代的作用。不管再怎么小，只要一丝不苟地追求下去，深入挖掘它的潜力，那最后体现出来的价值也会比浮夸不实、哗众取宠的东西大得多。放眼全球，任何大公司毫无例外地都出身平凡。例如：微软专注于曾被 IBM 视为鸡肋的软件业务，成为世界上最有价值的公司；苹果之所以能靠 Mac 响彻世界，很大程度上是利用了

Xerox 忽视的创新技术。由浅入深的好处之一就是你经得起失败，摔了跟头，站起来，拍拍尘土，再试一次，最后你终究会成功。

（2）跨界组合法则。"由浅入深"法则可以确保创新的方向不至于偏离正确轨道，因为它基于一项有价值的工作，但要想推广创新或形成创业公司持续的创新能力，光靠这一点还远远不够。当下的创新更注重对外部信息的整合与判断，而不是独自一人的刻苦钻研。遗传学的发现就是很好的例子，1865 年，孟德尔发表了豌豆遗传特性的开创性研究，但直到半个世纪后，这个概念才与达尔文的自然选择理论相结合，在医学和科学领域制造了一股创新的洪流；又如苹果的生态系统，乔布斯推出 iPod 时，市场上已经充斥着各种数字音乐播放器，但他把 iPod 和 iTunes 捆绑在一起，使得内容更易获取，也更符合音乐公司的利益。接着他又把 iPhone、iPad 等产品加入到这个组合中来，创造了更多的组合和更多的价值。

（3）坚持不懈法则。组合的问题在于找到正确的组合耗时甚久。Larry Page 和 Sergey Brin 把学术引用系统和计算机科技结合在一起，开发出了世界上最好的搜索引擎。然而，直到数年以后他们才遇到 Overture 的商业模式，找到了能赚钱的组合。在荒野里摸索了几年后才找到成功的康庄大道，这种事情并不少见。Sony 一开始是一个失败的电饭锅生产商；HP 一开始做的是一些奇奇怪怪的小玩意，例如自动马桶冲洗装置。Jeff Bezos 在媒体对他的采访里强调了坚持不懈、不屈不挠在 Amazon 的成功中的重要性。他说："我们执着于远见，而在细节上更灵活，我们不会轻易放弃。"在现实生活中，很多时候看上去光芒四射的东西，其实是一些人咬牙挺过了多年之后才呈现出来的。

### 2. 熟知创新的过程

创新作为一种创造性劳动，是一项综合化的系统性工作，更多的时候需要他人的参与、合作。总结大大小小的创新活动，我们可以把创新的过程分为"两大步"和"四个阶段"。"两大步"主要指"想"和"做"。"四个阶段"则主要指准备阶段、思考阶段、顿悟阶段、验证阶段，见表 7-1。

创新就是敢于想前人所未想，做前人所未做。如果连想都不敢想，更别说去做了，因此"想"是创新的第一大步。所谓敢"想"，就是要善于进行创造性思考。"我一直都是那么做的""以前人们就是这么做的",如果面对别人的诘问,我们很可能说出这样的话来为自己开脱,那些非常规的,或者自己从未尝试过的做法,会有什么样的效果呢?可能连想都没想过。这便是工作与思维上的惯性。如果平时一直按照这种惯性动作循规蹈矩,会渐渐削弱人们的创新能力,因此在平时可以经常做一些"敢想"的练习。

表 7-1  创新过程

| 序号 | 阶段名称 | 过程特征 |
| --- | --- | --- |
| 1 | 准备阶段 | 找准问题、搜索资料、分析问题,找到创新的关键点 |
| 2 | 思考阶段 | 找到问题的关键点后,开始寻找解决问题的突破口 |
| 3 | 顿悟阶段 | 顺着问题的突破口思考的过程中,有所顿悟 |
| 4 | 验证阶段 | 只有通过验证,才是可信、可行的 |

仅有好的想法,还远远谈不上创新,还需要创新者本人去实践。事实上,并不是每个创意都能转化为很好的商业成果,都能被市场和大众接受。不去实践一次,不会知道新想法到底怎么样。"如果我搞砸了,肯定很多人会笑话我""这怎么成功,我早就该知道的",很多创新者都会或多或少有这种前怕狼后怕虎的顾虑,然而并不需要对此觉得愧疚,这是一种很正常的心理反应。爱迪生试验了1000多种材料,才最终找到了钨丝作为白炽灯的灯丝,这期间,他也曾多次怀疑"理想材料"是否真的存在,而且还走了不少弯路。连发明大王都曾有过这样的窘困,又何况刚刚接触创新的学生呢?创新是一个探索未知的过程,而未知是一切恐惧的来源,敢于探索未知的人,就是有勇气的人。正如罗斯福所说的那句名言——"除了恐惧本身,没什么好恐惧的",这句话同样适用于创新。

## 二、离你并不遥远的创新

高职学生由于自身知识水平和技术能力的限制,虽然很难独立进行大的技术革新和发明创造,但可以结合所学知识或生活体验从事创造性劳动,实现"微创新"。"微创新"是近年来随着外部创新环境的更替而诞生的新型理念。所谓"微创新",可以理解为一种单点突破,它鼓励创业者找到最能打动用户心理期望值的那个点,把关于这个点的问题解决好,起到四两拨千斤的作用。下面向同学们介绍四种方法或策略来实现"微创新",让创新也能走进我们高职学生身边。

### 360董事长周鸿祎的心得

2010梦想者——网络草根创业与就业论坛上,360董事长周鸿祎说:"所有的公司都应该立足一个字'创',作为创业公司,创新非常重要,那怎么理解'创新'呢?很多人认为我是小公司,我是草根,我做不出石破天惊的技术,我也不能突然把这个行业颠覆了。最近我有一个心得,就是'微创新',这可能也是对各位草根创业者的借鉴,我觉得微创新是将来做产品创新很重要的方法。"

### (一)"加法策略"叠加出"微创新"

"1+1=?",这是一道再简单不过的数学题。然而,当这个简单的"加法"用于创新时,恐怕很多人都难以迅速给出答案。因为在工作和生活中,有太多1+1>2的情形,例如一家公司与另一家公司合作,最后得到的仅仅是两家公司吗?当然不是。有可能得到的是整个行业。实现"微创新"的"加法策略"正是

基于这样一种理念,无论何种产品,从设计到开发,再从生产到物流、客服、售后等,涉及的环节不下数十种,如果每个环节都能努力改善一点点,那最后的产品必然能前进一大步。因此,通过"加法策略"实现"微创新",主要是合理优化管理环节,试图在每一个单元都有细微的改善,最终让产品的生产达到"精益"效果。面对创新,管理思维更要创新,要多做一点加法。在守住安全底线的前提下,多做规范引导工作,让合理、有益、公平的创新之旅走得更远、更健康;让企业的活力迸发、消费者的福利提升,在动态中找到利益的最大公约数。

**资料链接**

## 丰田的生产方式

精益生产LP（Lean Production）是美国麻省理工大学数位国际汽车计划组织的专家对日本"丰田生产方式"的赞誉之称。精，即少而精，不投入多余的生产要素，只在适当的时间生产必要数量的市场需要的产品；益，即所有经营活动都要有益有效，具有经济性。精益生产是当前工业界最佳的一种生产组织体系和方式。精益生产既是一种以最大限度减少企业生产所占用的资源和降低企业管理与运营成本为主要目标的生产方式，同时它又是一种理念和文化。实施精益生产就是决心追求完美的历程，也是追求卓越的过程，更是一个永无止境的过程。

丰田的精益生产，即丰田生产方式，是丰田公司在逐步学习中不断改进形成的，源于对于福特公司的学习，以及丰田位吉与丰田喜一郎在生产第一线总结的宝贵经验，可以说精益生产是在大规模生产的基础上所提出的创新模式。然而，这种创新起初却是"被迫"的创新，因为当时以丰田的财力与规模根本不可能发展大规模生产，所以公司只能另辟新径尝试小规模的精益生产。

当时主要竞争对手——美国福特汽车公司，早已开始了先进的大规模生产，而其核心在于扩大规模、降低成本，只生产单一车型，因此当年福特的"T型车"只生产与供应黑色轿车。可是，丰田面临的情形不同，当时日本市场的任何一种车型需求量都非常低，所以无法在同一生产线上大规模生产，丰田必须使用相同组装线制造出不同车款；其次，福特汽车公司拥有充足的现金及庞大的美国与国际市场，而丰田既没有现金，又生存于一个小国家，在缺乏资源与资本的情况下，丰田必须能快速周转现金；最后，福特公司拥有完整的供应体系，而丰田没有完善的零部件供应体系。鉴于这三个矛盾，丰田没有本钱实施大规模生产。

面对种种矛盾，从美国考察回来的丰田二英与工厂经理大野耐进行了详细的讨论与研究，决定改进大规模生产方式，使其适应丰田与日本的情况。因此，丰田必须设法调整福特公司的制造流程，同时还必须实现高品质、低成本及灵活弹性，正是在这种"不可能"的情形下，丰田开始了"精益生产"的道路。丰田决定改进大规模生产,使其适应日本与丰田的现状。表 7-2 展示了丰田做出的改进。

此外,丰田引进的质量管理体系是福特当时所没有的。全面质量管理体系是丰田生产方式的重要特征,丰田于 1961 年开始引进该体系,1963 年,丰田全面推行质量管理体制,1965 年获得戴明质量奖。当时,丰田作为一个不入流的汽车制造公司,学习福特是其必然的选择,福特对于丰田来说,是一个标杆企业,然而,丰田并没有完全照搬福特的生产流程,而是添加了其系统的思考与实地的调研,不断改进大规模生产方式。实施微创新,最终创造了一种有别于大规模生产,甚至改变世界的丰田生产方式。

表 7-2 丰田的微创新内容

| 改进环节 | 福特 | 丰田 |
| --- | --- | --- |
| 标准化作业 | 福特公司将泰勒科学管理应用于实践,创造出标准作业方式,复杂的汽车生产被科学地分解为标准作业单元,操作者的作业程序及规范被明确规定 | 丰田引进并创新了这种方式,它将作业划分基准,由操作者个人变为作业小组,突出了集体协作的重要性 |
| 流水线生产 | 1913 年福特工厂装配了世界第一条流水生产线,此举引发了人类生产方式的革命。装配上千种零部件的汽车生产变得井井有条 | 丰田也引进流水线生产,并附以自身特色,没有设立仓库 |
| 改善提案制度 | 为让所有员工都能参与管理,福特公司实施了改善提案制度(Suggestion System) | 1951 年丰田推出"创意提案制度",其推广更加深入、全面,并一直延续至今。这项源自福特的制度成为 20 世纪 80 年代欧美企业总结丰田的竞争优势所在 |
| 企业培训体制 | 福特对公司内股长、工场长级别以上的管理层进行泰勒式"科学管理"的教育培训 | 丰田从福特引进了 TWI(Training Within Industry)体制,所不同的是,丰田将其实施范围覆盖到生产现场的所有管理层 |

## (二)"减法策略"简化出"微创新"

所谓"减法策略"是将某个产品或者工作流程中的某个部分刻意清除出去,剩余的部分保持现状,然后想象删除之后的结果。例如,删除某项服务或者功能以后这个产品有哪些好处?满足了什么样的市场需求?有何价值?哪些顾客需要这样的产品?当然,最重要的还是要考虑产品的可行性。我们能生产出这样的产品吗？我们能提供这样的服务吗？怎样才能让这种创新产品变得符合现实？"减法策略"的关键在于把你曾经认为必不可少的部分删减掉，当然这个必不可少的部分不应该是最核心的，但也不应该是最次要的，它应该处于中间地带，删除产品中处于中间地带的功能或服务才能让"减法策略"发挥最大威力。在实施"减法策略"时，首先要明确删除某个功能或服务的目的，如果不是为了更新产品或服务，那么这种删除就没有太大意义；其次，不一定非要把某个功能或者服务整体删除，可以做部分减法，例如 Twitter，字数只是从无限减少到 140；最后，在删除某项功能或服务后，可以用替代品取代从产品中去掉的某个部件，但应该确保不用相同的东西充当替代品。

**资料链接**

### 小故事：Twitter 140 字上限的由来

Twitter 是社交网络服务及微博客服务的网站，Twitter 被形容为"互联网的短信服务"，也就是中国社交网站中新浪微博的原型。

Twitter 规定输入的内容要保持在 140 个字符之内，这背后蕴藏了 Twitter 成功的一大原因。Twitter 之所以要将字数限制在 140 个字符之内，是因为这样会促使作者专注于表达核心内容。从作者的角度考虑，如何把一件事、一个想法表达清楚，其实并不需要长篇大论，限定字数会让作者的表达更专注于核心内容，能用一句话交代清楚的内容，绝不赘述。有专家研究过，人脑每次处理的信息有限，最多 140 个英文字符。人类的头脑有认知局限，每次只能处理一定量的信息。德国的一位数学家计算出的这个数字是 160 个英文字符，他把该数字作为手机短信的标准长度。

　　Twitter 利用字数限制功能，找到了自己的竞争优势，其实只有一个类似"头条"的功能，而不是像完整的博客那样长篇大论，人们反而觉得这种极简的信息传递方式十分富有智慧。对于那些"看上去不明显"的问题解决方案，还有一个有趣的观点，那就是一款产品某些容易被忽略的功能，反而可能成为最能体现这款产品价值的地方。

### （三）"乘法策略"催化出"微创新"

　　"乘法策略"就是对某个部件进行复制时，同时也需要对其加以改动，如果不改动，则无异于单一添加，这样只不过让产品变得更复杂、更啰嗦，丝毫没有提升它的价值。在运用"乘法策略"时，要避免进入对产品或服务做简单加法的误区。先要明确某个产品或者服务所处的框架，然后再将框架内的某个部分进行复制并加以改动，观察改动后产品的变化，并思考这种变化所带来的结果。最后，不要针对部件的属性运用"乘法策略"，属性是部件的特征。例如，闹铃的铃声是部件，但是铃声的分贝则是铃声的属性。

**小故事："谁叫我起床"App**

　　"谁叫我起床"是史上首个将闹钟、真人语音与社交结合起来的趣味应用软件。这款原创的应用软件，设定闹钟时间与叫醒声音的性别，就会有随机的神秘人来准时叫你起床！

　　"谁叫我起床"是腾讯主办的"2013 中国互联网创新创业大赛"的潜力应用软件。首发期间的分发总量突破 20 万份。这是目前市场上第一款真人语音叫早的应用软件,用户只要设置好选项,便可以在每天清晨被不同且有趣、神秘的真人语音叫醒,给用户带来期待感。如果90秒内你还没有醒来,便永远不知道叫你的温柔声线或讲出逗趣笑话的主人是谁。可能大家都不相信,这款应用软件最初的诞生是因为任文勇的一个梦。"那段时间由于思考产品的压力太大,任文勇每天早上是起床'困难户',有一天,他梦见一个美女用十分温柔的声音叫他起床,结果一下子就醒了,这就是我们这款产品最初的创意来源。"该应用软件的开发公司——八千里网络科技公司市场总监王泽峰如是说。

这款软件采用了类似于阅后即焚的形式,也就是"闹"即焚,如果在规定的时间内没有爬起来关掉闹钟,那么你就不会知道这个给你发送声音的用户是谁,至于长什么样,更不得而知了,因为都是绑定微博账号的用户,所以基本上都是实名制的用户,说不定因为你的懒惰就和一个女神擦肩而过了。

### (四)"除法策略"重组出"微创新"

"除法策略"是把一个产品或一项服务分解成多个部分,再将这些分解后的部分进行重组,找出其可能具有的优点。经过分解和重组后的产品可能产生一种全新的功能,也可能以一种全新的形式呈现某个已有的功能。"除法策略"可以具体细分为功能型除法、物理型除法和保留型除法三种。功能型除法策略,就是将注意力放在产品功能上,挑出产品或者服务中的某个功能,改变其位置,然后观察这种位置变化所带来的影响。例如空调,改变压缩机的位置,由原先室内的位置放到室外,这样屋内的热量减少了,噪音也减少了。物理型除法策略是指对某个产品的实体随意进行分割,按随机原则分解成若干个部分,例如拼图游戏的产生就是物理型除法的具体体现。保留型除法策略是指把产品按原样缩小并保证这些变小的产品依然保留原产品的功能和特性,例如U盘、更小的食品包装袋等。"除法策略"的关键在于分解和重组。因此,列举出部件的清单非常重要,

这是启动创新之旅的第一步。在重组方式的选择上,既可以选择按时间方式重组,也可以选择按空间方式重组。

## 第二节　创业中的劳动教育

创业是和创新密不可分、相互关联的实践活动,创业的本质是创新性的实践活动,它需要把创新的思路、方法转化为实际产品、技术或服务等形式,以满足他人和社会的需要。创业活动既是劳动的重要形式,又是开展劳动教育的重要手段。高职院校开展创业教育和创业活动,其主要目的是端正学生的择业观,增强学生的就业能力,扩大学生就业机会,让学生成为辛勤劳动、诚实劳动和创造性劳动的践行者。

### 一、不要被云彩迷惑了眼

和创新一样,创业其实也不是一件容易的事。创业的项目有大有小,创业门槛有高有低,但即使很小的创业项目,也会存在一定的风险。为了防范和控制这种风险,提高创业效果,下面介绍创业的相关知识和技巧。

#### (一)创业与创业能力的内涵

创业是创业者对自己拥有的资源或通过努力对能够拥有的资源进行优化整合,从而创造出更大经济或社会价值的过程。创业是一种需要创业者组织、经营、管理,运用服务、技术、器物作业的思考、推理和判断的行为。根据杰夫里·提蒙斯(Jeffry A. Timmons)所著的创业教育领域的经典教科书《创业创造》(New Venture Creation)的定义:创业是一种思考、品行素质,杰出才干的行为方式,需要在方法上全盘考虑并拥有和谐的领导能力。

创业能力是指拥有发现或创造一个新的领域,致力于理解创造新事物(新产品,

新市场，新生产过程或原材料，组织现有技术的新方法）的能力，能运用各种方法去利用和开发它们，然后产生各种新的结果。创业能力分为硬件和软件，硬件就是人力、物力和财力；软件就是创业者的个人能力，包括专业技能和创业素质。创业素质包括创业热情、价值观、发现能力及创新能力。其中任何一个方面都可以再细分。与就业能力相比较，创业能力比就业能力多的是发现的眼光，创新的智慧。

### （二）选择创业方向的法则

生意场有一句很流行的话："做熟不做生。"创业领域没有好坏之分，没有对与错，只有适合与不适合。每个人都有各自的优势和特长，我们高职学生作为创业者必须认真分析自己的特点，找到适合自己做的事业，才能达到事半功倍的效果。而选择自己熟悉的领域便是一条捷径。特别是在创业初期，能否做下去在很大程度上取决于创业者对这个项目的熟悉程度。我们创业时如果要涉足自己并不熟悉的领域，就一定要慎之又慎。

创业，路在何方

#### 1. 避免涉足陌生的领域

许多创业者在选择项目时都会犯难，于是常常向亲朋好友、同事、专家、创业培训机构请教，而常常得到这样的回复："我们不会也不能直接给你推荐项目，而会教你一整套选择和评估项目的思路，我们希望靠你们自己选择适合自己的项目。"是的，没有人可以告诉你"你应该从事哪个行业"，你所能得到的建议只会是一些原则，例如"越陌生，越危险"。任何时候，你都不能盲目跟风，进入热门生意的不见得人人赚钱。在创业之时，你所选择的项目与自己过去的从业经验、技能、特长和兴趣爱好越吻合，就越有内在的持久动力，成功的可能性就越大。

### 资料链接

**小故事：越陌生，越危险**

葛某从事药厂生产管理已经近7年，后来看到做代理商的朋友们都发财了，于是就和几个朋友合伙做起了地区代理。因不熟悉市场，产品选择不当，葛某不仅在此项目中一无所获，两年内还赔了10多万元，加上自己的机会成本共损失30多万元。

眼看着做代理行不通，葛某不甘心，又打算与几个朋友合伙做餐饮。他们每个人都拿出一些钱，商量着开一家酒楼。但等到200万元资金到位准备装修时，才发现200万元根本不够，无奈又各自借了很多钱。原来，大家只是想象着干餐饮"有多赚钱"，但真正懂行的却没有一个。由于先期没做任何预算，又对餐饮行业太过陌生，酒楼勉强经营了一段时间，不但没挣钱，还欠了很多外债，几个要好的朋友也不欢而散。无奈，葛某只好再次放弃餐饮业，重新进入一家保健品公司做起了老本行。

有道是三百六十行，行行出状元。任何行业只要做成了行家，都能挣到钱，因此不要盲目眼红其他人的收益。对于自己不熟悉的行业尽量不要参与。例如本例中的葛某，做熟了生产管理，却因听说做代理赚钱而改行，可是刚刚入门的他看不懂产品，也找不到合适的进货渠道。等他弄懂产品摸清行情时，很可能市场已被他人捷足先登。甚至还有可能已吃进了大批卖不出去的垃圾产品，会赔得一塌糊涂。所以，创业者在选择行业的时候，一定要选择自己有所了解的行业。

#### 2. 做你擅长做的事

对于创业的成功，比尔·盖茨曾说过这样一句高度概括的话："做自己最擅长的。"微软公司创立时只有比尔·盖茨和艾伦两个人，他们最擅长的是编程技术和法律经验。两个人立足于自己的长处，成功奠定了在这个领域的坚实基础。在以后的20多年里，他们一直不改初衷，"顽固"地在软件领域耕耘，任凭信息产业和经济环境风云变幻，从来没有考虑过涉足其他领域。结果，他们有了今天的成就。如果你用心去观察那些成大事的成功者，他们都有一个共同的特征，即知道自己该干什么，不该干什么。有自知之明，就可以扬长避短，再抓住发展机遇，这个世界上便有了"塑料大王""汽车大王""钢铁大王"等企业巨人。因此，每个人都应该选择自己最擅长的创业项目，做自己最擅长的事。

 **资料链接**

**小故事：耐克快速成功的秘诀**

耐克正式命名是在 1978 年，等到了 1999 年时，它的销售额已达到 95 亿美元，跨入《财富》500 强行列，超过了原来同行业的领袖品牌阿迪达斯、锐步，被誉为近 20 年来世界上最成功的消费品公司。

耐克 logo

耐克成功的重要因素之一，是它的中间商品牌路线。为了显示自己在市场方面的核心优势，它不建立生产基地，自己也不生产耐克鞋，而是在全世界寻找条件最好的生产商为耐克生产。它选择生产商的标准是：成本低，交货及时且品质有保证。这样耐克规避了制造业公司的风险，从而专心于产品的研究与开发，快速推出新款式，大大缩短了产品生命周期。

耐克的另一成功要素是传播。它利用青少年崇拜的偶像如迈克尔·乔丹等进行传播，还利用电子游戏设计耐克的专用游戏。每当推出新款式，还请来乐队进行演奏，传递出一种变革思想和品质。耐克的传播策略使其品牌知名度迅速提升，从而建立了具有高度认同感的品牌资产价值。耐克的成功在于：它专注于做自己最擅长的事——设计与营销；而把不擅长的事——生产和物流交给别人去做。无论你的创业项目是什么，你都应该问自己这样一个问题："这真的是我所擅长的吗？"只有做自己擅长的项目，你才更容易成功！

### 3. 技术是基础

可能所有的创业者都觉得资本是创业最重要的因素，倘若没有资本，自己就一无所有，创业更无从谈起。诚然，对创业来说资本固然重要，但除此之外，还有其他一些关乎大局的因素，如技术。创业离不开技术支持，没有技术如同鸿鹄失去展翅翱翔的羽翼，空有凌云之志，却无法奋发腾飞。从某种意义上说，技术是创业的资本，也是发展的原动力。在万众创业的"群英谱"中，有很多拥有技术并在创业道路上奋发前行的创业者，他们正试图通过自身的技术开启财富之门。如果你本身有某项技术，那么它就可能成为你创业的突破口。

### 小故事：靠自己的技术创业

李某是一个退休工程仪器设计师，他看好教学仪器市场，想利用自己的特长开一家教学仪器公司。可是当他仔细做过市场调查后，发现现在市场上教学仪器公司多如牛毛，而且个个神通广大、精明能干。怎么办呢？

他开始思考对手的劣势和自己的优势：自己有过多年的工程仪器设计经验，在工程设计上时常有独特的创新，曾经获得过多项国家专利。只不过那时候自己尚在职，属于职务发明专利，专利权归属于单位。现在自己退休了，如果再有创造发明，就可以申请自己的专利。那么，在技术上可以为对手筑起壁垒。另外，在客户资源上，自己在单位时，曾与多家学校有过合作，帮助他们设计教学仪器。至今有些客户仍会不时地来找自己帮忙，这是他可以利用的人脉资源。那么，有了技术，有了客户资源，生产问题比较好解决。自己年纪大了，不想再拉大摊子，委托加工就好了。现在愿意承接来料、来样、来件加工的小工厂很多，从中找几家就可以解决问题。

分析完之后，这位退休工程师对自己的创业计划越来越有把握。他开始行动，找了过去的一帮老哥们，很快把摊子拉起来。在营销方法上，他们采取了比较保险的方法：不是拿产品去找市场，而是根据市场去设计生产产品。他们还与学校交流，看对方需要什么样的仪器，价位多少能接受，然后再有针对性地拿出解决方案，双方皆大欢喜。从创业开始的第二个月，他们就坐在那里数钱了。

李某的创业经历向我们证明了技术就是你的饭碗，如果创业者能够利用自己的技术优势发展企业，就不用害怕其他成功企业对自己构成威胁，因为你能开拓一片属于自己的天空。

### 4. 创意是核心

一个伟大的公司往往是从一个伟大的点子（创意）开始的，而这个点子又往往是从创始人自身需求衍生出来的。大到淘宝、京东，小到一家店铺。但任何好的项目和好的企业都是做出来的，而不是想出来的。创业者要做的事情，就是把自己的创意变成现实。否则，他只是一个空想家，而不是创业者。任何人都可以有一个或许多想法，但能不能把想法变成现实，十分关键。有很多事情，在普通人眼里，甚至在风险投资者眼里，都是异想天开的妄想，是一些看似疯狂的事情。然而那些"偏执狂"的创业者，却没有把自己的梦想只停留在想法上，因此才造就了今天那么多的知名企业。

### 5. 激情是关键

对于创业者来说，激情不是一个空洞的名词，而是一种惊人的力量，可以融化一切。正如西点军校将军戴维·格立森所说，"要想获得这个世界上最大奖赏，你必须拥有过去最伟大的开拓者所拥有的将梦想转化为全部价值的献身热情，以此来发展和展示自己的才能。"每一个创业者都希望能实现自己美好的梦想，让事业结出累累硕果，能否实现这一目标，其中一个关键因素是心态。所以你所要做的就是找到能够点燃你激情的事业，让无穷的力量激荡在胸中，成为创业的巨大动力，从而演绎出精彩，创造灿烂的明天。

**激情铸造的艺术工厂——Coronado Studio**

当山姆·科罗拉多还是一名艺术系的学生时，他的一位朋友给他提出了这样的建议："你最好找一份其他的工作，否则你马上就要被饿死了。"因为怕被朋友言中，科罗拉多参加了绘图课程的学习，并用所学到的技能维持正常的生活，在晚上空闲时间里进行艺术创作。科罗拉多的艺术生涯开始于1969年，当时得州仪表（Texas Instruments）公司聘请他担任技术讲解员。从那时起，他自己的工作室逐渐引起了丝网印刷艺术（将颜色进行刮压从网孔漏至承接物上，所以也称作"丝漏版画"，可以用来印刷广告、包装物、路牌、衣饰图案等）和拉丁美洲艺术领域的广泛关注，而且他的艺术作品经常被送往美国、墨西哥、欧洲和非洲等地进行展出。

在1992年，对Self-Help Graphics艺术中心进行参观之后，科罗拉多对丝网印刷技术产生了兴趣。他说："正是这次参观点燃了我对目前所从事工作的热情。我将这种艺术形式带到了得克萨斯州，并在我的绘画工作室里成立了自己的公司——Coronado Studio。现在，它已经成为了一个版画复制工作室。"

绘画一直是科罗拉多的最爱，但他认为丝网印刷更适合他，很多来他工作室参观的艺术家也同意这种说法。他说："令人惊讶的是，我们能生产出几乎与绘画作品一模一样的印刷品。我们已经帮助很多艺术家复制自己的作品。他们有时候都不敢相信能够印刷出与原稿如此接近的页面。其实，这完全取决于艺术家本身和他们的艺术风格。如果他们懂得如何分色，就能对作品的生产方式进行全面控制。"

他的工作室成为传递拉丁美洲艺术家心声的平台，虽然有限的资金不能让这个工作室购买科罗拉多所喜欢的设备，但是他贡献出了自己的计算机，并且保证所有在这里工作的人都能使用它们。这些计算机能帮助艺术家们将自己的数字作品转变为精美的丝网印刷品。这份工作能让艺术家将纸张的表面特性与艺术作品完美地结合起来，这让科罗拉多充满激情。

科罗拉多工作室为艺术家提供的Serie Project服务不收取任何费用，而且它还能为艺术家们提供一个供他们在夜晚进行工作和休息的住所。科罗拉多表示："有些艺术家整个晚上都留在工作室里，因为他们毕竟只有一个星期的时间来完成自己的工作。销售和捐款收入占到了科罗拉多工作室和Serie Project活动经费的25%。当地和国家拨款填补了另外75%的空缺，这就是所谓的艺术生活。但最令科罗拉多骄傲的是他能为公众带来精美的艺术复制品，而且能与不同等级的艺术家进行合作。对艺术的巨大热情产生的激情成就了他独特的事业。

很多在我们看来不可思议的事业之所以能够成功，都源于心中的某种信念，或者热爱或者坚信，总之都是充满激情的。本身就是艺术家的科罗拉多，数十年来对艺术的无比热爱和不懈追求终于成就了他的梦想。他已经为200多位艺术家复制过精美的作品。正是这份对他有巨大吸引力的工作不断点燃他的激情，推动着他建立起了自己的艺术工厂。

我们常说"事在人为"，人的能力就如一座冰山，已经发挥出来的部分是浮在水面上的那一部分，还没有发挥出来的部分是隐藏在水下面的部分。假如你能以一种积极的心态去面对创业，相信你必定会充满快乐和力量，你的创业梦想也会因激情而更灿烂。最重要的是，激情的充分发挥和调动，会刺激冰山下面那部分巨大潜能的释放。

### （三）认知创业机会

当代社会是一个高度分化的社会，任何工作都已被分割得极为细致，因此，在选择创业方向时，也要注意一定的方法，避免使自己陷入进退两难的境地。

#### 1. 在市场的缝隙去寻找

以往我们常常用"在夹缝里生存"来形容处境艰难，但在今日的商业社会，如果创业者的企业能够在一个别人都看不到的缝隙里落地生根，那么所遭受的阻力将会比别的企业小很多，将会更快开花结果。当创业者生存下来之后，就可以茁壮成长，为自己争取更多的养分来谋求发展。也就是说，小资本的创业者，要学会在市场中寻找可以盈利的缝隙，从而建立起自己独特、极具吸引力的业务领域。这样，创业的压力和阻力小很多，也不必担心新的进入者及竞争。在国外，任何一项工作的实施，必须以市场调查为前提。如果企业在经过充分、大量的市场调查后，做出一个符合调查结论的营销决策，却不幸在实践中失败了，企业的领导人会耸耸肩，认为他很不幸，然后重新去寻找解决问题的方法；相反，如果未经过市场调查，单凭经验、感觉、判断等做出营销决策并实施，不论成败与否，这个人立即要卷铺盖走人。由此可见，市场调查在制定决策过程中的重要地位，这也是每一位创业者都要铭记在心的。

#### 2. 在新兴市场中去开拓

在当今社会激烈的竞争环境中，争做第一尤其重要。对于刚刚进入市场的创业者来说，做最强壮、最庞大的第一太难，但你完全可以做最迅速、最新颖的第一。

当你能够在新兴市场开辟出一片属于自己的"处女地"时，你就可以自豪地站在第一的位置。而做到第一，就意味着站在市场的制高点，握有主动权。相反，如果畏首畏尾，不敢自己尝试创新，等看到别人成功后才步入后尘，企图分一杯羹，许多情况下只会有"别人捡了西瓜我捡芝麻"的结局。所以，想要成功创业，就要敢于当第一个吃螃蟹的人。有了科学的分析和详细的市场调查作依据后，创业者就有足够的理由去尝试创新，不断摸索，找出适合自己和企业发展的道路。

### 3. 在细分的行业中去辨别

今天，想要在产品日益同质化、市场竞争日益白热化的企业丛林中胜出，创业者一定要有市场细分的概念，也就是通过市场调研，依据消费者的需要和欲望、购买行为和购买习惯等方面的差异，把某一产品的市场整体划分为若干消费者群的市场分类过程。每一个消费者群体就是一个细分市场，每一个细分市场都是具有类似需求倾向的消费者构成的群体。创业者绝对不要企图满足所有人的所有需求，将自己的产品卖给所有人，赚所有人的钱，这是不切实际的幻想。一个企业、一个品牌只要能满足一部分人的一部分需求，并且坚持不断改进，就能获得成功。那么，创业者应该如何进行市场细分呢？一般来说，可以遵循以下几个步骤：

（1）依据需求选定产品市场范围，列举潜在顾客的基本需求。

（2）分析潜在顾客的不同需求，移去潜在顾客的共同需求。

（3）细分市场暂时取名，进一步认识细分市场的特点。

（4）测量各细分市场的大小。

以上步骤基本决定了各细分市场的类型，接下来还要测量各细分市场潜在顾客的数量。如果顾客数量太少，这个市场也许就不值得留恋。

### 4. 在身边的机会中去发现

想要创业，首先要有一个好的构思，这个构思从何而来呢？在多方寻找灵感的时候，创业者不妨多关注自己身边的各种机会，也许商机就在自己身边。创业者周围环境中所有的问题、变化、竞争、新知识、新技术，都有可能成为宝贵商机的来源。在这些方面多留心，会比仅仅盯着远方苦苦寻觅的效果要好得多。

 资料链接

### 牛仔裤前世今生

1850年，一则令人惊喜的消息为人们带来了无穷的希望和幻想：美国西部发现了大片金矿，于是，无数个想一夜致富的人如潮水般涌向那曾经是人迹罕至、荒凉萧条的西部不毛之地。李维·施特劳斯当时20多岁，他心中的冒险因子在蠢蠢欲动，犹太人天生的不安分让他不安于做一个安稳的小职员，他渴望冒险，通过自己的劳动、运气赌一把，于是他放弃了这个过于无味的工作，加入到浩浩荡荡的淘金人流之中。

到了之后，他才发现自己有多莽撞，曾经荒凉的西部现在到处都是淘金的人群，到处都是帐篷，这么多的人蜗居在一个个帐篷里，能实现发财梦吗？能满意而归吗？难道自己抛弃工作来到这里，就这样无望地等待？他陷入深深的思考之中。

然后，他开了一家日用品小店，不再从土里淘金，而是从淘金人身上开始自己新的梦想。小店的生意很不错，但帆布却没人理会，眼看就要赔本了。他本来以为帐篷是人们的必需品，所以购进了大量帆布，却没想到竟然无人问津，看着积压的帆布，他非常沮丧。

这时，一位淘金工人迎面走来并注视着帆布。他连忙高兴地迎上前去，热情地问道："您是不是想买些帆布搭帐篷？"那工人摇摇头："我不需要再搭一个帐篷，我需要的是像帐篷一样坚硬、耐磨的裤子，你有吗？""裤子？为什么？"李维·施特劳斯惊奇地问道。那工人告诉他，淘金的工作很艰苦，衣裤经常要与石头、砂土摩擦，棉布做的裤子不耐穿，几天就磨破了。"如果用这些厚厚的帆布做成裤子，肯定耐磨，说不定会大受欢迎呢！"

淘金工人的这番话提醒了李维·施特劳斯。他想，反正这些帆布也卖不出去，何不试一试做裤子呢？于是，他灵机一动，用厚帆布制作了一条式样新奇而又特别结实耐用的工作裤，向矿工们出售。

于是，世界上第一条日后被称为"牛仔裤"的帆布工装裤，在李维·施特劳斯手中诞生了。当时，它被工人们叫做"李维氏工装裤"。随后牛仔裤风靡全球，李维淘到了自己的金矿。

## 二、与你同呼吸的创业模式

大学生创业模式是大学生在特定区域、特定环境中形成的，在创业动机、创业方式、产业进入、资金筹集、组织形式、创新力度和政府支持等方面具有相似性、典型性的创业行为，是对各种创业因素的配置方式。当前大学生创业模式比较多，而且随着创业实践的发展，还会不断涌现出新的创业模式。我国大学生创业起步较晚，创业的环境发展还不十分成熟，总结近年来的大学生创业实践，可以归纳出如下几种创业模式。

### 1. 积累演进模式

积累演进模式是指大学生为了实现就业的同时积累资本和经验，由个人或几个人组成的创业团队白手起家，完全独立地创业，属于典型的个人创业。创业行业主要集中在商业零售、餐饮、化妆品、服装、图书批发、家具、眼镜、乐器的经营上。这种创业模式的资金需求较小，创业资金可以通过自己前期的兼职积攒、向亲朋好友借债或在政策范围内获得小额贷款的形式筹集。在管理上主要是采取自我雇佣的业主组织形式，产权关系上以个人独资或合伙投资经营为主，在经营取得成功、发展到一定规模的时候，就成立具有法人地位的股份制小型公司。这种创业模式投资小，面临的不确定性程度低，稳打稳扎，步步为营，逐渐积累壮大，成功率较高。

### 2. 连锁复制模式

连锁复制模式是指大学生以加盟直营、区域代理或购买特许经营权的方式来销售某种商品或服务的创业活动。加盟的行业主要是商业零售、饮食、化妆品、服装等技术含量不高而用工较多的行业。资金筹集上一般是由个人独资或几个人合伙出资，组织管理上实行按总店或中心的统一模式自我雇佣、自我管理，并且能分享经营诀窍和资源支持，长期得到专业指导和配套服务。这种创业模式由于有经营管理上现成的模式可供直接采用，可充分利用特许企业的品牌效应减少经营风险，享受规模经济的利益，被称为是"站在巨人的肩膀上"的创业。

### 3. 分化拓展模式

分化拓展模式是指大学生首先加入某高新技术或商品流通企业，成为该企业的骨干员工，然后利用企业内部创业的机会来实现自己创业理想的行为。一些大学生发挥自己的专业特长，迅速成为公司的骨干，而这时公司恰好准备变更或重塑公司的主要方向，由公司投资委托骨干员工来负责新业务或新项目。作为骨干分子，在资本、经验、人力资源发展到适当程度并判断有更好的商机出现时就脱离原公司集团经营，以自己个人积累的资金为主体，来创建新的法人企业。创业者在参照原公司集团经营管理模式的基础上根据自己的偏好做进一步改进。这种创业模式可以依托原公司客户关系网扩大业务，创业风险较小，成功概率较高。

### 4. 技术风险模式

技术风险模式是大学生将自己拥有的专长或技术发明通过"知本雇佣资本"的方式发展成企业。创业的大学生具备某一专业、技术特长，或成功研制一项新产品、工艺，但要创建企业需要高额资本，而学生往往由于缺乏信用保证难以通过信用机制从外部筹措大量资金。于是大学生就以技术、专利、其他智力成果进行资产估价，吸引有眼光的公司提供风险投资基金来创建企业。这种创业模式主要集中于电子信息、生物技术、高科技农业等技术含量高、知识密集型的行业。经营形式上采取股份法人公司制，管理上十分强调企业家精神和团队精神。这种模式是技术与风险资金的结合，不确定性大，风险相对较大。

### 5. 模拟孵化模式

模拟孵化模式是大学生受各种创业大赛的驱动和高校创业园区创业环境的熏陶、资助、催化而进行的创业活动。许多高校举办了各种各样的创业大赛，参加大赛的大学生在创业大赛中熟悉了创业程序，储备创业知识、积累创业经验、接触和了解社会，是对创业的模拟实验；同时高校纷纷建立科技园区或创业园区，园区中的科技创业基金中心或大学生创业投资公司对经过严格评估的优秀参赛项目进行股权形式的投资，建立股份制公司，并且定期对投资项目进行评估，实行优胜劣汰，对项目进行创业催化。创业者可以得到政策支持和创业园区的各项帮助，包括专家的培训和指导，免费提供办公场所，公共文秘、财会、人事服务，咨询、辅导、评估和项目管理服务，办理证照、落实优惠政策、推荐申报、市场营销服务等，这种创业模式集中于高科技行业。

#### 6. 概念创新模式

概念创新模式刚刚兴起，是大学生根据自己的新颖构想、创意、点子、想法进行的创业活动。概念创新集中于网络、艺术、装饰、教育培训、家政服务等新兴行业，创业者的设想能够标新立异，在行业或领域是个创举，并迅速抢占市场先机。创业的资金需求量不是很大，一般创业者向亲朋好友借款，或在政策范围内小额贷款，特别有创造性能吸引商家眼球的也可以引来大公司的股权形式的资金注入，在组织管理上个人独资、合伙、股份公司均可。这种创业需要具有独特的个性特征和旺盛的创业欲望，善于洞察商业机会，创业难度高，不确定性大，但成功的收益也很大，是一种开创性的价值创造型创业。

## 拓展平台

### 1. 课程实践：讲述勇于"吃螃蟹"的安踏成长故事

每个成功企业家的创业史都有一个从无到有的发展历程。而安踏正是在丁志忠的领导下一步一步地茁壮成长，并不断走向成熟的。

作为国内第一个用体育明星做广告的运动鞋企业，安踏总裁丁志忠被称为"第一个吃螃蟹"的人。随后几年，中国鞋业成了体育明星与娱乐明星争奇斗艳的舞台。"明星战""广告战"使得中国运动鞋市场硝烟弥漫。在这场战争及随后的品牌战中，安踏却始终保持着领先地位。

20世纪80年代，初中毕业的那个夏天，17岁的丁志忠提出要到北京发展，家里人都不理解。父亲让他说出理由，丁志忠就说，每天都有外地人拿钱来买东西，几乎什么都能卖掉，我们为什么不主动把晋江的商品拿出去销售？父亲的鞋厂那时候也是刚办起来，经济并不宽裕，但却被儿子说服，掏出了1万多元，让丁志忠买了600双晋江鞋到北京去卖。

为了把晋江的货摆进北京西单商场的柜台，丁志忠天天去找商场的人。一开始别人都不同意，还对他说："你才多大啊，就跑出来做生意？"丁志忠硬着头皮说自己20岁了。他也不管别人的脸色，特别真诚地介绍起晋江产品的优势。连续去了一个多月，商场的人终于答应去晋江看看。丁志忠高兴得不得了，赶紧先回晋江准备。最后，在北京所有的大商场，丁志忠都为晋江的鞋厂争取到了专门柜台。仅两年的时间意想不到地打通了北京最权威也是最艰难的销售通道——北京王府井百货大楼。

第一个吃下螃蟹的人，成功地把销路打开了。一边是晋江丰富的货源，一边是宽广的销售渠道，不是可以就此稳赚了吗？但1991年，丁志忠却又重新回到了晋江。原来，晋江鞋在北京的低价销售深深刺激了丁志忠。当时，市场上比较有名的"青岛双星""上海火炬"等名牌鞋已经有相当一部分在晋江生产，说明晋江鞋的质量没有问题。带着4年赚下的20万元，丁志忠在晋江重新开厂起步，那时候，他的想法已经很明确：一定要把企业做大，把品牌打响。

1999年，丁志忠又一次成为第一个吃螃蟹的人。160万元，"我选择，我喜欢"，孔令辉成为安踏的形象代言人；500万元，是安踏在央视投放广告的预算价格。结果，随着孔令辉在奥运会上的出色表现和他极具个性的"我选择，我喜欢"，安踏迅速完成了品牌树立和传播，并极大地拉动了市场的成长。这次"吃螃蟹"的结果是：从2000年到2004年，连续4年，安踏运动鞋市场综合占有率居全国第一。

"安踏"这个品牌的成功树立，源于丁志忠独特的眼光，利用名人效应广为宣传。因为在这个领域，丁志忠是第一个吃螃蟹的人。但我们也可以看到，在此之前，丁志忠已经不止一次勇争第一了。想要做一名成功的创业者，就要像丁志忠那样，既有敏锐的眼光，又有惊人的魄力，开垦出适合自己或企业发展的"处女地"。

## 2. 阅读思考

### 麦当劳的市场调查

【背景材料】

美国的麦当劳在一开始只是一家名不见经传的快餐店，而后却迅速发展成为一个美国国内有500多家分公司，在全世界40多个国家和地区有4000多家分店的国际快餐连锁集团。它的成功为创业者提供了许多可供借鉴的宝贵经验。很多人都感兴趣的一个问题是，如此快速、大规模的市场扩张，它们的营销部门是怎么做到的？其实，答案很简单，麦当劳的市场营销部门只是遵循了的一个宗旨，那就是：用市场研究的成功，确保市场营销的成功。

据说，当年麦当劳要来北京投资，于是就派了两名工作人员来到北京某繁华街道做市场调查。第一名市场调查人员看了看繁华的街道上拥挤的人群就回去了。回到总部对负责人说，北京很繁华，人流大，所以这里可以开一家麦当劳。第二个市场调查员同样也来到了这个路段，从早上到晚上，拿表进行每个时段的人流分布情况分析，并对每个时段的人流高潮期，每分钟、每小时经过的人流数都进行了统计和记录。然后又用了几天的时间，对不同年龄段人群以赠送小礼品的形式进行抽样调查，了解到他们对外国快餐的感受和喜好程度等。通过几天的调查，回到总部的调查员把这样一份详尽的市场调查报告交到了负责人的手中。

【问题思考】

试问谁的报告被采纳了？为什么？

谁的报告被采纳了？

# 附录1

## 中共中央 国务院
### 关于全面加强新时代大中小学劳动教育的意见

（2020年3月20日）

为构建德智体美劳全面培养的教育体系，现就加强新时代大中小学劳动教育提出如下意见。

**一、充分认识新时代培养社会主义建设者和接班人对加强劳动教育的新要求**

（一）重大意义。劳动教育是中国特色社会主义教育制度的重要内容，直接决定社会主义建设者和接班人的劳动精神面貌、劳动价值取向和劳动技能水平。长期以来，各地区和学校坚持教育与生产劳动相结合，在实践育人方面取得了一定成效。同时也要看到，近年来一些青少年中出现了不珍惜劳动成果、不想劳动、不会劳动的现象，劳动的独特育人价值在一定程度上被忽视，劳动教育正被淡化、弱化。对此，全党全社会必须高度重视，采取有效措施切实加强劳动教育。

（二）指导思想。以习近平新时代中国特色社会主义思想为指导，全面贯彻党的教育方针，落实全国教育大会精神，坚持立德树人，坚持培育和践行社会主义核心价值观，把劳动教育纳入人才培养全过程，贯通大中小学各学段，贯穿家庭、学校、社会各方面，与德育、智育、体育、美育相融合，紧密结合经济社会发展变化和学生生活实际，积极探索具有中国特色的劳动教育模式，创新体制机制，注重教育实效，实现知行合一，促进学生形成正确的世界观、人生观、价值观。

（三）基本原则

——把握育人导向。坚持党的领导，围绕培养担当民族复兴大任的时代新人，着力提升学生综合素质，促进学生全面发展、健康成长。把准劳动教育价值取向，引导学生树立正确的劳动观，崇尚劳动、尊重劳动，增强对劳动人民的感情，报效国家，奉献社会。

——遵循教育规律。符合学生年龄特点，以体力劳动为主，注意手脑并用、安全适度，强化实践体验，让学生亲历劳动过程，提升育人实效性。

——体现时代特征。适应科技发展和产业变革，针对劳动新形态，注重新兴技术支撑和社会服务新变化。深化产教融合，改进劳动教育方式。强化诚实合法劳动意识，培养科学精神，提高创造性劳动能力。

——强化综合实施。加强政府统筹，拓宽劳动教育途径，整合家庭、学校、社会各方面力量。家庭劳动教育要日常化，学校劳动教育要规范化，社会劳动教育要多样化，形成协同育人格局。

——坚持因地制宜。根据各地区和学校实际，结合当地在自然、经济、文化等方面条件，充分挖掘行业企业、职业院校等可利用资源，宜工则工、宜农则农，采取多种方式开展劳动教育，避免"一刀切"。

## 二、全面构建体现时代特征的劳动教育体系

（四）把握劳动教育基本内涵。劳动教育是国民教育体系的重要内容，是学生成长的必要途径，具有树德、增智、强体、育美的综合育人价值。实施劳动教育重点是在系统的文化知识学习之外，有目的、有计划地组织学生参加日常生活劳动、生产劳动和服务性劳动，让学生动手实践、出力流汗，接受锻炼、磨炼意志，培养学生正确劳动价值观和良好劳动品质。

（五）明确劳动教育总体目标。通过劳动教育，使学生能够理解和形成马克思主义劳动观，牢固树立劳动最光荣、劳动最崇高、劳动最伟大、劳动最美丽的

观念；体会劳动创造美好生活，体认劳动不分贵贱，热爱劳动，尊重普通劳动者，培养勤俭、奋斗、创新、奉献的劳动精神；具备满足生存发展需要的基本劳动能力，形成良好劳动习惯。

（六）设置劳动教育课程。整体优化学校课程设置，将劳动教育纳入中小学国家课程方案和职业院校、普通高等学校人才培养方案，形成具有综合性、实践性、开放性、针对性的劳动教育课程体系。

根据各学段特点，在大中小学设立劳动教育必修课程，系统加强劳动教育。中小学劳动教育课每周不少于1课时，学校要对学生每天课外校外劳动时间作出规定。职业院校以实习实训课为主要载体开展劳动教育，其中劳动精神、劳模精神、工匠精神专题教育不少于16学时。普通高等学校要明确劳动教育主要依托课程，其中本科阶段不少于32学时。除劳动教育必修课程外，其他课程结合学科、专业特点，有机融入劳动教育内容。大中小学每学年设立劳动周，可在学年内或寒暑假自主安排，以集体劳动为主。高等学校也可安排劳动月，集中落实各学年劳动周要求。

根据需要编写劳动实践指导手册，明确教学目标、活动设计、工具使用、考核评价、安全保护等劳动教育要求。

（七）确定劳动教育内容要求。根据教育目标，针对不同学段、类型学生特点，以日常生活劳动、生产劳动和服务性劳动为主要内容开展劳动教育。结合产业新业态、劳动新形态，注重选择新型服务性劳动的内容。

小学低年级要注重围绕劳动意识的启蒙，让学生学习日常生活自理，感知劳动乐趣，知道人人都要劳动。小学中高年级要注重围绕卫生、劳动习惯养成，让学生做好个人清洁卫生，主动分担家务，适当参加校内外公益劳动，学会与他人合作劳动，体会到劳动光荣。初中要注重围绕增加劳动知识、技能，加强家政学习，开展社区服务，适当参加生产劳动，使学生初步养成认真负责、吃苦耐劳的品质和职业意识。普通高中要注重围绕丰富职业体验，开展服务性劳动、参加生产劳动，使学生熟练掌握一定劳动技能，理解劳动创造价值，具有劳动自立意识和主动服务他人、服务社会的情怀。中等职业学校重点是结合专业人才培养，增强学生职业荣誉感，提高职业技能水平，培育学生精益求精的工匠精神和爱岗敬业的劳动态度。高等学校要注重围绕创新创业，结合学科和专业积极开展实习实训、专业服务、社会实践、勤工助学等，重视新知识、新技术、新工艺、新方法应用，创造性地解决实际问题，使学生增强诚实劳动意识，积累职业经验，提升就业创业能力，树立正确择业观，具有到艰苦地区和行业工作的奋斗精神，懂得空谈误国、实干兴邦的深刻道理；注重培育公共服务意识，使学生具有面对重大疫情、灾害等危机主动作为的奉献精神。

（八）健全劳动素养评价制度。将劳动素养纳入学生综合素质评价体系，制定评价标准，建立激励机制，组织开展劳动技能和劳动成果展示、劳动竞赛等活动，全面客观记录课内外劳动过程和结果，加强实际劳动技能和价值体认情况的考核。建立公示、审核制度，确保记录真实可靠。把劳动素养评价结果作为衡量学生全面发展情况的重要内容，作为评优评先的重要参考和毕业依据，作为高一级学校录取的重要参考或依据。

### 三、广泛开展劳动教育实践活动

（九）家庭要发挥在劳动教育中的基础作用。注重抓住衣食住行等日常生活中的劳动实践机会，鼓励孩子自觉参与、自己动手、随时随地、坚持不懈进行劳动，掌握洗衣做饭等必要的家务劳动技能，每年有针对性地学会1至2项生活技能。鼓励学校（家委会）和社区等组织开展学生生活技能展示活动。学生参加家务劳动和掌握生活技能的情况要按年度记入学生综合素质档案。鼓励孩子利用节假日参加各种社会劳动。家庭要树立崇尚劳动的良好家风，家长要通过日常生活的言传身教、潜移默化，让孩子养成从小爱劳动的好习惯。

（十）学校要发挥在劳动教育中的主导作用。学校要切实承担劳动教育主体责任，明确实施机构和人员，开齐开足劳动教育课程，不得挤占、挪用劳动实践时间。明确学校劳动教育要求，着重引导学生形成马克思主义劳动观，系统学习掌握必要的劳动技能。根据学生身体发育情况，科学设计课内外劳动项目，采取灵活多样形式，激发学生劳动的内在需求和动力。统筹安排课内外时间，可采用集中与分散相结合的方式。组织实施好劳动周,小学低中年级以校园劳动为主,小学高年级和中学可适当走向社会、参与集中劳动,高等学校要组织学生走向社会、以校外劳动锻炼为主。

（十一）社会要发挥在劳动教育中的支持作用。充分利用社会各方面资源,为劳动教育提供必要保障。各级政府部门要积极协调和引导企业公司、工厂农场等组织履行社会责任,开放实践场所,支持学校组织学生参加力所能及的生产劳动、参与新型服务性劳动,使学生与普通劳动者一起经历劳动过程。鼓励高新企业为学生体验现代科技条件下劳动实践新形态、新方式提供支持。工会、共青团、妇联等群团组织以及各类公益基金会、社会福利组织要组织动员相关力量、搭建活动平台,共同支持学生深入城乡社区、福利院和公共场所等参加志愿服务,开展公益劳动,参与社区治理。

### 四、着力提升劳动教育支撑保障能力

（十二）多渠道拓展实践场所。大力拓展实践场所,满足各级各类学校多样化劳动实践需求。充分利用现有综合实践基地、青少年校外活动场所、职业院校和普通高等学校劳动实践场所,建立健全开放共享机制。农村地区可安排相应土地、山林、草场等作为学农实践基地,城镇地区可确认一批企事业单位和社会机构,作为学生参加生产劳动、服务性劳动的实践场所。建立以县为主、政府统筹规划配置中小学（含中等职业学校）劳动教育资源的机制。进一步完善学校建设标准,学校逐步建好配齐劳动实践教室、实训基地。高等学校要充分发挥自身专业优势和服务社会功能,建立相对稳定的实习和劳动实践基地。

（十三）多举措加强人才队伍建设。采取多种措施,建立专兼职相结合的劳动教育师资队伍。根据学校劳动教育需要,为学校配备必要的专任教师。高等学校要加强劳动教育师资培养,有条件的师范院校开设劳动教育相关专业。设立劳模工作室、技能大师工作室、荣誉教师岗位等,聘请相关行业专业人士担任劳动实践指导教师。把劳动教育纳入教师培训内容,开展全员培训,强化每位教师的劳动意识、劳动观念,提升实施劳动教育的自觉性,对承担劳动教育课程的教师

进行专项培训，提高劳动教育专业化水平。建立健全劳动教育教师工作考核体系，分类完善评价标准。

（十四）健全经费投入机制。各地区要统筹中央补助资金和自有财力，多种形式筹措资金，加快建设校内劳动教育场所和校外劳动教育实践基地，加强学校劳动教育设施标准化建设，建立学校劳动教育器材、耗材补充机制。学校可按照规定统筹安排公用经费等资金开展劳动教育。可采取政府购买服务方式，吸引社会力量提供劳动教育服务。

（十五）多方面强化安全保障。各地区要建立政府负责、社会协同、有关部门共同参与的安全管控机制。建立政府、学校、家庭、社会共同参与的劳动教育风险分散机制，鼓励购买劳动教育相关保险，保障劳动教育正常开展。各学校要加强对师生的劳动安全教育，强化劳动风险意识，建立健全安全教育与管理并重的劳动安全保障体系。科学评估劳动实践活动的安全风险，认真排查、清除学生劳动实践中的各种隐患特别是辐射、疾病传染等，在场所设施选择、材料选用、工具设备和防护用品使用、活动流程等方面制定安全、科学的操作规范，强化对劳动过程每个岗位的管理，明确各方责任，防患于未然。制定劳动实践活动风险防控预案，完善应急与事故处理机制。

### 五、切实加强劳动教育的组织实施

（十六）加强组织领导。在党委统一领导下，各级政府要把劳动教育摆上重要议事日程，出台相关政策措施，切实解决劳动教育实施过程中的重大问题，做好督促落实。省级政府要加强劳动教育工作的统筹协调，明确市地级、县级政府及有关部门加强劳动教育的职责，推动建立全面实施劳动教育的长效机制。

（十七）强化督导检查。把劳动教育纳入教育督导体系，完善督导办法。对地方各级政府和有关部门保障劳动教育情况以及学校组织实施劳动教育情况进行督导，督导结果向社会公开，同时作为衡量区域教育质量和水平的重要指标，作为对被督导部门和学校及其主要负责人考核奖惩的依据。开展劳动教育质量监测，强化反馈和指导。

（十八）加强宣传引导。引导家长树立正确劳动观念，支持配合学校开展劳动教育。加强劳动教育科学研究，宣传推广劳动教育典型经验。积极宣传企事业单位和社会机构提供劳动教育服务的先进事迹。注重挖掘在抗疫救灾等重大事件中涌现出来的典型人物和事迹，大力宣传不畏艰难、百折不挠、敢于担当的高尚品格。鼓励和支持创作更多以歌颂普通劳动者为主题的优秀作品，大力宣传辛勤劳动、诚实劳动、创造性劳动的典型人物和事迹，弘扬劳动光荣、创造伟大的主旋律，旗帜鲜明地反对一切不劳而获、贪图享乐、崇尚暴富的错误观念，营造全社会关心和支持劳动教育的良好氛围。

# 附录 2

# 教育部
## 大中小学劳动教育指导纲要
### （试行）

（2020年7月7日）

为深入贯彻习近平总书记关于教育的重要论述，全面贯彻党的教育方针，落实《中共中央 国务院关于全面加强新时代大中小学劳动教育的意见》，加快构建德智体美劳全面培养的教育体系，制定本指导纲要。

## 一、劳动教育性质和基本理念

### （一）劳动教育性质

劳动是创造物质财富和精神财富的过程，是人类特有的基本社会实践活动。劳动教育是发挥劳动的育人功能，对学生进行热爱劳动、热爱劳动人民的教育活动。当前实施劳动教育的重点是在系统的文化知识学习之外，有目的、有计划地组织学生参加日常生活劳动、生产劳动和服务性劳动，让学生动手实践、出力流汗，接受锻炼、磨炼意志，培养学生正确劳动价值观和良好劳动品质。

劳动教育是新时代党对教育的新要求，是中国特色社会主义教育制度的重要内容，是全面发展教育体系的重要组成部分，是大中小学必须开展的教育活动。它具有鲜明的思想性，必须将马克思主义劳动观贯彻始终，强调劳动是一切财富、价值的源泉，劳动者是国家的主人，一切劳动和劳动者都应该得到鼓励和尊重；

倡导通过诚实劳动创造美好生活、实现人生梦想，反对一切不劳而获、崇尚暴富、贪图享乐的错误思想。具有突出的社会性，必须加强学校教育与社会生活、生产实践的直接联系，发挥劳动在个人与社会之间的纽带作用，引导学生认识社会，增强社会责任感；同时注重让学生学会分工合作，体会社会主义社会平等、和谐的新型劳动关系。具有显著的实践性，必须面向真实的生活世界和职业世界，引导学生以动手实践为主要方式，在认识世界的基础上，获得有积极意义的价值体验，学会建设世界，塑造自己，实现树德、增智、强体、育美的目的。

### （二）劳动教育基本理念

1. 强化劳动观念，弘扬劳动精神。将劳动观念和劳动精神教育贯穿人才培养全过程，贯穿家庭、学校、社会各方面。注重让学生在学习和掌握基本劳动知识技能的过程中，领悟劳动的意义价值，形成勤俭、奋斗、创新、奉献的劳动精神。

2. 强调身心参与，注重手脑并用。把握劳动教育的根本特征，让学生面对真实的个人生活、生产和社会性服务任务情境，亲历实际的劳动过程，善于观察思考，注重运用所学知识解决实际问题，提高劳动质量和效率。

3. 继承优良传统，彰显时代特征。在充分发挥传统劳动、传统工艺项目育人功能的同时，紧跟科技发展和产业变革，准确把握新时代劳动工具、劳动技术、劳动形态的新变化，创新劳动教育内容、途径、方式，增强劳动教育的时代性。

4. 发挥主体作用，激发创新创造。关注学生劳动过程中的体验和感悟，引导学生感受劳动的艰辛和收获的快乐，增强获得感、成就感、荣誉感。鼓励学生在学习和借鉴他人丰富经验、技艺的基础上，尝试新方法、探索新技术，打破僵化思维方式，推陈出新。

## 二、劳动教育目标和内容

### （一）总体目标

准确把握社会主义建设者和接班人的劳动精神面貌、劳动价值取向和劳动技能水平的培养要求，全面提高学生劳动素养，使学生：

树立正确的劳动观念。正确理解劳动是人类发展和社会进步的根本力量，认识劳动创造人、劳动创造价值、创造财富、创造美好生活的道理，尊重劳动，尊重普通劳动者，牢固树立劳动最光荣、劳动最崇高、劳动最伟大、劳动最美丽的思想观念。

具有必备的劳动能力。掌握基本的劳动知识和技能，正确使用常见劳动工具，增强体力、智力和创造力，具备完成一定劳动任务所需要的设计、操作能力及团队合作能力。

培育积极的劳动精神。领会"幸福是奋斗出来的"内涵与意义，继承中华民族勤俭节约、敬业奉献的优良传统，弘扬开拓创新、砥砺奋进的时代精神。

养成良好的劳动习惯和品质。能够自觉自愿、认真负责、安全规范、坚持不懈地参与劳动，形成诚实守信、吃苦耐劳的品质。珍惜劳动成果，养成良好的消费习惯，杜绝浪费。

### （二）主要内容

主要包括日常生活劳动、生产劳动和服务性劳动中的知识、技能与价值观。日常生活劳动教育立足个人生活事务处理，结合开展新时代校园爱国卫生运动，注重生活能力和良好卫生习惯培养，树立自立自强意识。生产劳动教育要让学生在工农业生产过程中直接经历物质财富的创造过程，体验从简单劳动、原始劳动向复杂劳动、创造性劳动的发展过程，学会使用工具，掌握相关技术，感受劳动创造价值，增强产品质量意识，体会平凡劳动中的伟大。服务性劳动教育让学生利用知识、技能等为他人和社会提供服务，在服务性岗位上见习实习，树立服务意识，实践服务技能；在公益劳动、志愿服务中强化社会责任感。

### （三）学段要求

#### 1. 小学

低年级：以个人生活起居为主要内容，开展劳动教育，注重培养劳动意识和劳动安全意识，使学生懂得人人都要劳动，感知劳动乐趣，爱惜劳动成果。指导学生：（1）完成个人物品整理、清洗，进行简单的家庭清扫和垃圾分类等，树立自己的事情自己做的意识，提高生活自理能力；（2）参与适当的班级集体劳动，主动维护教室内外环境卫生等，培养集体荣誉感；（3）进行简单手工制作，照顾身边的动植物，关爱生命，热爱自然。

中高年级：以校园劳动和家庭劳动为主要内容开展劳动教育，体会劳动光荣，尊重普通劳动者，初步养成热爱劳动、热爱生活的态度。指导学生：（1）参与家居清洁、收纳整理，制作简单的家常餐等，每年学会1—2项生活技能，增强生活自理能力和勤俭节约意识，培养家庭责任感；（2）参加校园卫生保洁、垃圾分类处理、绿化美化等，适当参加社区环保、公共卫生等力所能及的公益劳动，增强公共服务意识；（3）初步体验种植、养殖、手工制作等简单的生产劳动，初步学会与他人合作劳动，懂得生活用品、食品来之不易，珍惜劳动成果。

### 2. 初中

兼顾家政学习、校内外生产劳动、服务性劳动，安排劳动教育内容，开展职业启蒙教育，体会劳动创造美好生活，养成认真负责、吃苦耐劳的劳动品质和安全意识，增强公共服务意识和担当精神。让学生：（1）承担一定的家庭日常清洁、烹饪、家居美化等劳动，进一步培养生活自理能力和习惯，增强家庭责任意识；（2）定期开展校园包干区域保洁和美化，以及助残、敬老、扶弱等服务性劳动，初步形成对学校、社区负责任的态度和社会公德意识；（3）适当体验包括金工、木工、电工、陶艺、布艺等项目在内的劳动及传统工艺制作过程，尝试家用器具、家具、电器的简单修理，参与种植、养殖等生产活动，学习相关技术，获得初步的职业体验，形成初步的生涯规划意识。

### 3. 普通高中

注重围绕丰富职业体验，开展服务性劳动和生产劳动，理解劳动创造价值，接受锻炼、磨炼意志，具有劳动自立意识和主动服务他人、服务社会的情怀。指导学生：（1）持续开展日常生活劳动，增强生活自理能力，固化良好劳动习惯；（2）选择服务性岗位，经历真实的岗位工作过程，获得真切的职业体验，培养职业兴趣；积极参加大型赛事、社区建设、环境保护等公益活动、志愿服务，强化社会责任意识和奉献精神；（3）统筹劳动教育与通用技术课程相关内容，从工业、农业、现代服务业以及中华优秀传统文化特色项目中，自主选择1—2项生产劳动，经历完整的实践过程，提高创意物化能力，养成吃苦耐劳、精益求精的品质，增强生涯规划的意识和能力。

### 4. 职业院校

重点结合专业特点，增强职业荣誉感和责任感，提高职业劳动技能水平，培育积极向上的劳动精神和认真负责的劳动态度。组织学生：（1）持续开展日常生活劳动，自我管理生活，提高劳动自立自强的意识和能力；（2）定期开展校内外公益服务性劳动，做好校园环境秩序维护，运用专业技能为社会、为他人提供相关公益服务，培育社会公德，厚植爱国爱民的情怀；（3）依托实习实训，参与真实的生产劳动和服务性劳动，增强职业认同感和劳动自豪感，提升创意物化能力，培育不断探索、精益求精、追求卓越的工匠精神和爱岗敬业的劳动态度，坚信"三百六十行，行行出状元"，体认劳动不分贵贱，任何职业都很光荣，都能出彩。

### 5. 普通高等学校

强化马克思主义劳动观教育，注重围绕创新创业，结合学科专业开展生产劳动和服务性劳动，积累职业经验，培育创造性劳动能力和诚实守信的合法劳动意识。使学生：（1）掌握通用劳动科学知识，深刻理解马克思主义劳动观和社会主义劳动关系，树立正确的择业就业创业观，具有到艰苦地区和行业工作的奋斗精神；（2）巩固良好日常生活劳动习惯，自觉做好宿舍卫生保洁，独立处理个人生活事务，积极参加勤工助学活动，提高劳动自立自强能力；（3）强化服务性劳动，自觉参与教室、食堂、校园场所的卫生保洁、绿化美化和管理服务等，结合"三支一扶"、大学生志愿服务西部计划、"青年红色筑梦之旅""三下乡"等社会实践活动开展服务性劳动，强化公共服务意识和面对重大疫情、灾害等危机主动作为的奉献精神；（4）重视生产劳动锻炼，积极参加实习实训、专业服务和创新创业活动，重视新知识、新技术、新工艺、新方法的运用，提高在生产实践中发现问题和创造性解决问题的能力，在动手实践的过程中创造有价值的物化劳动成果。

## 三、劳动教育途径、关键环节和评价

### （一）劳动教育途径

将劳动教育纳入人才培养全过程，丰富、拓展劳动教育实施途径。

#### 1. 独立开设劳动教育必修课

在大中小学设立劳动教育必修课程。中小学劳动教育课平均每周不少于1课时，用于活动策划、技能指导、练习实践、总结交流等，与通用技术和地方课程、校本课程等有关内容进行必要统筹。职业院校开设劳动专题教育必修课，不少于16学时；主要围绕劳动精神、劳模精神、工匠精神、劳动组织、劳动安全和劳动法规等方面设计。普通高等学校要将劳动教育纳入专业人才培养方案，明确主要依托的课程，可在已有课程中专设劳动教育模块，也可专门开设劳动专题教育必修课，本科阶段不少于32学时；课程内容应加强马克思主义劳动观教育，普及与学生职业发展密切相关的通用劳动科学知识，并经历必要的实践体验。

#### 2. 在学科专业中有机渗透劳动教育

中小学道德与法治（思想政治）、语文、历史、艺术等学科要有重点地纳入劳动创造人本身、劳动创造历史、劳动创造世界、劳动不分贵贱等马克思主义劳动观，纳入歌颂劳模、歌颂普通劳动者的选文选材，纳入阐释勤劳、节俭、艰苦奋斗等中华民族优良传统的内容，加强对学生辛勤劳动、诚实劳动、合法劳动等方面的教育。数学、科学、地理、技术、体育与健康等学科要注重培养学生劳动的科学态度、规范意识、效率观念和创新精神。

职业院校要将劳动教育全面融入公共基础课，要强化马克思主义劳动观、劳动安全、劳动法规教育。专业课在进行职业劳动知识技能教学的同时，注重培养"干一行爱一行"的敬业精神，吃苦耐劳、团结合作、严谨细致的工作态度。

普通高等学校要将劳动教育有机纳入专业教育、创新创业教育，不断深化产教融合，强化劳动锻炼要求，加强高等学校与行业骨干企业、高新企业、中小微企业紧密协同，推动人才培养模式改革。专业类课程主要与服务学习、实习实训、科学实验、社会实践、毕业设计等相结合开展各类劳动实践，注重分析相关劳动形态发展趋势，强化劳动品质培养。在公共必修课中，要进一步强化马克思主义劳动观教育、劳动相关法律法规与政策教育。

### 3. 在课外校外活动中安排劳动实践

将劳动教育与学生的个人生活、校园生活和社会生活有机结合起来，丰富劳动体验，提高劳动能力，深化对劳动价值的理解。

中小学每周课外活动和家庭生活中劳动时间，小学一、二年级不少于2小时，其他年级不少于3小时；职业院校和普通高等学校要明确生活中的劳动事项和时间，纳入学生日常管理工作。

大中小学每学年设立劳动周，采用专题讲座、主题演讲、劳动技能竞赛、劳动成果展示、劳动项目实践等形式进行。小学以校内为主，小学高年级可适当安排部分校外劳动；普通中学、职业院校和普通高等学校兼顾校内外，可在学年内或寒暑假安排，以集体劳动为主，由学校组织实施。高等学校也可安排劳动月，集中落实各学年劳动周要求。

### 4. 在校园文化建设中强化劳动文化

学校要将劳动习惯、劳动品质的养成教育融入校园文化建设之中。要通过制定劳动公约、每日劳动常规、学期劳动任务单，采取与劳动教育有关的兴趣小组、社团等组织形式，结合植树节、学雷锋纪念日、"五一"劳动节、农民丰收节、志愿者日等，开展丰富的劳动主题教育活动，营造劳动光荣、创造伟大的校园文化。

要举办"劳模大讲堂""大国工匠进校园"、优秀毕业生报告会等劳动榜样人物进校园活动，组织劳动技能和劳动成果展示，综合运用讲座、宣传栏、新媒体等，广泛宣传劳动榜样人物事迹，特别是身边的普通劳动者事迹，让师生在校园里近距离接触劳动模范，聆听劳模故事，观摩精湛技艺，感受并领悟勤勉敬业的劳动精神，争做新时代的奋斗者。

## （二）劳动教育关键环节

各地和学校要注重围绕劳动教育的目标和内容要求，从提高劳动教育的效果出发，把握劳动教育任务的特点，抓住关键环节，选择适宜的劳动教育方式。

1. 讲解说明。围绕劳动为什么、是什么问题，有重点地进行讲解，让学生懂得劳动的意义和价值。加强劳动观念、劳动纪律、劳动相关法律法规的正面引导，指明轻视劳动特别是轻视普通劳动的危害，让学生明辨是非。加强劳动知识技能的讲解，让学生认清事理，掌握实践操作的基本原理、程序、规则，正确使用工具的方法和技术。讲解要与启发思考、示范、练习等结合起来。

2. 淬炼操作。围绕如何做的问题，注重示范与练习，让学生会劳动。强化规范意识，注重从最基本的程序学起，严守规则，避免主观随意。强化质量意识，注重引导学生关注细节，每个步骤、环节都要精准到位。强化专注品质，注重引导学生对操作行为的评估与监控，做到眼到手到心到，有始有终。

3. 项目实践。围绕劳动能力的培养，让学生完成真实、综合任务，经历完整劳动过程。注重劳动价值体认，引导学生从现实生活中发现需求，选择和确定劳动项目。强化规划设计意识，充分发挥学生的主动性、积极性、创造性，引导学生对项目实践进行整体构思，综合运用所学知识、技术，不断优化行动方案。强化身体力行，锤炼意志品质，敢于在困难与挑战中完成行动任务。

4. 反思交流。围绕劳动价值意义的建构，引导学生总结、交流，促进学生形成反思交流习惯。指导学生思考劳动过程和结果与社会进步、个体成长的关联，避免停留在简单的苦乐体验上。组织学生交流分享劳动的体验和收获，肯定具有积极意义的认识，纠正观念上的偏差。将反思交流与改进结合起来，使学生在劳动中获得成长。

5. 榜样激励。围绕劳动的精神追求，树立典型，激发劳动热情。注意遴选、树立多类型榜样，不仅要有大国工匠、劳动模范，还要有身边劳动表现优异的普通劳动者和同学。指导学生从榜样的具体事迹中领悟他们的高尚精神和优良品质。明确要求学生在日常劳动实践中努力向榜样看齐。

## （三）劳动教育评价

将劳动素养纳入学生综合素质评价体系。以劳动教育目标、内容要求为依据，将过程性评价和结果性评价结合起来，健全和完善学生劳动素养评价标准、程序和方法，鼓励、支持各地利用大数据、云平台、物联网等现代信息技术手段，开展劳动教育过程监测与纪实评价,发挥评价的育人导向和反馈改进功能。

### 1. 平时表现评价

要在平时劳动教育实践活动中及时进行评价,以评价促进学生发展。要覆盖各类型劳动教育活动,明确学年劳动实践类型、次数、时间等考核要求。关注学生在劳动教育活动中的实际表现,注重从行为表现中分析把握劳动观念形成情况。以自我评价为主,辅以教师、同伴、家长、服务对象、用人单位等他评方式,指导学生进行反思改进。要指导学生如实记录劳动教育活动情况,收集整理相关制品、作品等,选择代表性的写实记录,纳入综合素质档案,作为学生学年评优评先的重要参考。

### 2. 学段综合评价

学段结束时,要依据学段目标和内容,结合综合素质档案分析,兼顾必修课学习和课外劳动实践,对劳动观念、劳动能力、劳动精神、劳动习惯和品质等劳动素养发展状况进行综合评定。建立诚信机制,实行写实记录抽查制度,对弄虚作假者在评优评先方面一票否决,性质严重的应依法依规严肃处理。在高中和大学开展志愿者星级认证。高中学校和高等学校要将考核结果作为毕业依据之一。推动将学段综合评价结果作为学生升学、就业的重要参考。

### 3. 开展学生劳动素养监测

将学生劳动素养监测纳入基础教育质量监测、职业院校教学质量评估和普通高等学校本科教学质量评估。可委托有关专业机构,定期组织开展关于学生劳动素养状况调查,注重学生劳动观念、劳动能力、劳动精神、劳动习惯和品质等的监测。发挥监测结果的示范引导、反馈改进等功能。

## 四、学校劳动教育的规划与实施

### (一)整体规划劳动教育

学校是劳动教育的实施主体,应根据国家相关规定,结合当地和本校实际情况,对劳动教育进行整体设计、系统规划,形成劳动教育总体实施方案。方案要明确劳动教育目标内容、课时安排、主要劳动实践活动安排、劳动教育过程组织与指导及考核评价办法等。同时要基于学生的年段特征、阶段性教育要求，研究制定"学校学年（或学期）劳动教育计划"，对学年、学期劳动教育实践活动作出具体安排，特别是规划好劳动周等集中劳动，细化有关要求。使总体实施方案和学年（或学期）活动计划相互配套、衔接，形成可持续开展的劳动教育实施方案。

学校在劳动教育规划时要注意处理以下几个方面的关系：

### 1. 理论学习和实践锻炼的关系

理论学习和实践锻炼都是劳动教育的必要内容。理论学习重在让学生理解和掌握"劳动创造了人本身""劳动创造世界"等历史唯物主义基本理论主张以及劳动相关法律、法规、政策，作为行动的指南。实践锻炼重在将所学知识转化为真正有用的实际本领，形成良好的劳动习惯，弘扬劳动精神。规划劳动教育时，要两者兼顾，坚持以实践锻炼为主，切实保证每一个学生都有必要的劳动实践经历，不能只是口头上喊劳动、课堂上讲劳动。要通过学生实践前的计划构想、实践中的观察思考和实践后的反思交流，加深对有关思想理论、法规政策的理解，实现理论学习和实践锻炼的统一。

### 2. 劳动教育与其他教育活动的关系

在开足专门劳动教育必修课的同时，中小学劳动教育必修课实践环节中与综合实践活动的社会服务、设计制作、职业体验重叠部分，可整合实施。职业院校、普通高等学校劳动教育中学生生产劳动和服务性劳动可以通过专业实习、实训、创新创业等实践环节完成，日常生活劳动可以通过学生管理落实。

### 3. 劳动的传统形态与新形态的关系

将日常生活劳动教育贯穿大中小学始终。在安排生产劳动和服务性劳动项目时，中小学要以使用传统工具、传统工艺的劳动为主，引导学生体会劳动人民的艰辛与智慧，传承中华优秀传统文化，兼顾使用新知识、新技术、新工艺、新方法的劳动。职业院校、普通高等学校要注重结合产业新业态、劳动新形态，选择现代农业、工业、服务业项目，提升创造性劳动能力。

## （二）劳动教育的组织实施

### 1. 实施机构和人员

学校要建立健全劳动教育组织实施的工作机制。明确主管校领导，设置机构或明确相关部门负责劳动教育的规划设计、组织协调、资源整合、师资培训、过程管理、总结评价等。

要建立专兼职相结合的劳动教育教师队伍。根据学校劳动教育需要，明确劳动教育责任人，进行劳动教育规划、组织实施、评价等，配齐劳动教育必修课教师，保持教师队伍的相对稳定性。要充分发挥教职员工特别是班主任、辅导员、导师的作用，利用少先队、共青团、党组织以及学生社团等各方面的力量，合力开展劳动教育实践活动。充分利用家长及当地人力资源，聘请相关行业专业人士担任劳动实践指导教师。

### 2. 劳动安全风险防范与管理

学校要把劳动安全教育与管理作为组织实施的必要内容，强化劳动安全意识，建立健全安全教育与管理并重的劳动安全保障体系。

要依据学生身心发育情况，适度安排劳动强度、时长，切实关注劳动任务及场所设施的适宜性。科学评估劳动实践活动的安全风险，认真排查、清除学生劳动实践中的各种隐患。在场所设施选择、材料选用、工具设备和防护用品使用、活动流程等方面制定安全、科学操作规范，强化劳动过程每个岗位的管理，明确各方责任，防患于未然。制定劳动实践活动风险防控预案，完善应急与事故处理机制。要特别关注劳动过程中的卫生隐患，按照疾控、卫生健康部门及行业有关规定，采取相应措施，切实保护学生的身心健康。鼓励购买劳动教育相关保险。

### 3. 建立协同实施机制

中小学要推动建立以学校为主导、家庭为基础、社区为依托的协同实施机制，形成共育合力。学校要通过家长会、家长学校、社区宣讲、网络媒体等途径，引导家长树立正确的劳动观；明确家长的劳动教育责任，让家长主动指导和督促孩子完成家庭、社区劳动任务；学校要与相关社会实践基地共同开发并实施劳动教育课程。

职业院校、普通高等学校要建立学校负责规划设计，行业企业社会机构主要负责业务指导，双方共同管理的劳动教育实施机制。通过建立劳模工作室、技能大师工作室，设置荣誉教师、实务导师岗位等，多渠道引入社会力量参与学校劳动教育。要联合社会力量，共建共享稳定的劳动实践基地、校外实习实训基地、各类型创新创业孵化平台，多渠道拓展劳动实践场所。

## 五、劳动教育条件保障与专业支持

地方教育行政部门要切实加强对劳动教育工作的组织领导，明确机构和人员承担区域推进劳动教育的职责任务，切实加强条件保障、专业支持和督导评估，整体提高大中小学劳动教育质量和水平。

### （一）条件建设

#### 1. 丰富和拓展劳动实践场所

地方教育行政部门要统筹规划和配置劳动教育实践资源，满足学校多样化劳动实践需求。充分利用现有综合实践基地、青少年校外活动场所、职业院校和普通高等学校劳动实践场所，建立健全开放共享机制，特别是充分利用职业院校实训实习场所、设施设备，为普通中小学和普通高等学校提供所需要的服务。可安排一批土地、山林、草场等作为学农实践基地，确认一批厂矿企业作为学工实践基地，认定一批城乡社区、福利院、医院、博物馆、科技馆、图书馆等事业单位、社会机构、公共场所作为服务性劳动基地。推动学校充分利用校内学习、生活有关场所，逐步建好配齐劳动技术实践教室、实训基地，丰富劳动教育资源。

#### 2. 加强师资队伍建设

要明确劳动课教师管理要求，保障劳动课教师在绩效考核、职称评聘、评先评优、专业发展等方面与其他专任教师享受同等待遇。推动中小学、职业院校与普通高等学校建立师资交流共享机制，发挥职业院校教师的专业优势，承担普通学校劳动教育教学任务。建立劳动课教师特聘制度，为学校聘请具有实践经验的社会专业技术人员、劳动模范等担任兼职教师创造条件。

高等学校要加强劳动教育师资培养，有条件的院校开设劳动教育相关专业。把劳动教育纳入教育行政干部、校长、教师、辅导员培训内容，开展全员培训，强化劳动意识、劳动观念，提升劳动教育的自觉性。对承担劳动教育课程的教师进行专项培训，提高劳动育人意识和专业化水平。

### 3. 健全经费投入机制

各地要统筹中央补助资金和自有财力，多种形式筹措资金，加快建设校内劳动教育场所和校外劳动教育实践基地，加强学校劳动教育设施建设，建立学校劳动教育器材、耗材补充机制。学校可按照规定统筹安排公用经费等资金开展劳动教育，可采取政府购买服务方式，吸引社会力量提供劳动教育服务。

## （二）加强专业研究和指导

### 1. 加强劳动教育研究与指导

在全国教育科学规划、教育部人文社会科学研究项目中支持劳动教育研究。地方教育行政部门鼓励和支持相关机构设立劳动教育研究项目。设立一批试验区或试验学校，注重开展跟踪研究、行动研究。举办论坛讲座，营造良好学术氛围。

各级中小学教研机构要配备劳动教育教研员，组织开展专题教研、区域教研、网络教研，通过协同创新、校际联动、区域推进，提高劳动教育整体实施水平。鼓励高等学校依托有关专业机构开展劳动教育教学研究。

### 2. 组织开展劳动教育课程资源研发

基于劳动教育教学的实际需要，省级教育行政部门明确中小学劳动实践指导手册编写要求，体现"一纲多本"，满足不同地区学校的多样化需求，负责组织审查。职业院校可组织编写劳动精神、劳模精神、工匠精神专题读本，由编写院校或委托专业机构进行审查。鼓励学校、学术团体、专业机构等收集整理反映劳动先进人物事迹和精神的影视资料，组织研发展示劳动过程、劳动安全要求的数字资源，梳理遴选来自教学一线的典型案例和鲜活经验，形成分学段、分专题的劳动教育课程资源包，促进优质资源的共享与使用。

## （三）督导评估与激励

### 1. 加强对学校劳动教育实施情况的督查

把劳动教育纳入教育督导体系，完善督导办法。对地方各级人民政府和有关部门保障劳动教育情况进行督导。对学校劳动教育开课率、学生劳动实践组织的有序性，教学指导的针对性，保障措施的有效性等进行督查和指导。督导结果要向社会公开，作为衡量区域教育质量和水平的重要指标，作为对被督导部门和学校及其主要负责人考核奖惩的依据。

### 2. 建立健全劳动教育激励机制

在国家级、省级教学成果奖励中，将劳动教育教学成果纳入评奖范围，对优秀成果予以奖励。依托有关专业组织、教科研机构等开展劳动教育经验交流和成果展示活动，激发广大教师实践创新的潜能和动力。积极协调新闻媒体传播劳动光荣、创造伟大思想，大力宣传劳动教育先进学校、先进个人。